Jane Greer / Margery D. Rosen

Das hätte ich nie von dir gedacht ...

Jane Greer / Margery D. Rosen

Das hätte ich nie von dir gedacht ...

Vertrauensbrüche – und wie man wieder Boden unter den Füßen gewinnt

Aus dem Amerikanischen von Heide Ebert

Herder
Freiburg · Basel · Wien

Titel der amerikanischen Originalausgabe:
How could you do this to me?
Learning to trust after betrayal, published by Doubleday,
a division of Bantam Doubleday Dell Publishing Group,
New York,

Gedruckt auf umweltfreundlichem,
chlorfrei gebleichtem Papier

Herstellung: Freiburger Graphische Betriebe 1999
ISBN 3-451-26495-1

Für meinen Mann Marc,
weil er nie den richtigen Zeitpunkt
versäumt

Inhalt

Anmerkung der Autorin

Als Psychotherapeutin ist es meine oberste Priorität, die Vertraulichkeit der Mitteilungen meiner Patienten und Interviewpartner zu wahren. Um ihre Privatsphäre zu schützen, habe ich die Namen aller Personen, die in diesem Buch erwähnt werden, geändert, außer den Namen der Psychologen und anderer Wissenschaftler, die ich zitiert habe. Ich habe auch Einzelheiten aus dem Leben der Betroffenen geändert – ihren Beruf, den familiären Hintergrund und andere Umstände, an denen man sie möglicherweise hätte erkennen können.

Einleitung

Immer wieder verhalten sich Menschen, die man liebt, respektiert und auf die man zählt, auf eine Weise, die einen tief verletzt, die den Glauben an sie, an sich selbst und an die gegenseitige Beziehung erschüttert. Mit einem Vertrauensbruch zu leben, ist für niemand leicht. auch wenn man ihn mit dem Verstand rational einordnen kann, brennt er sich doch in die Seele ein.

Die Worte *Vertrauen* oder *Betrug* lassen die meisten Leute sofort an sexuelle Untreue denken. Ein Seitensprung ist zwar sicher ein niederschmetternder Vertrauensbruch, aber er ist nur eine der vielen Arten von Verrat, die ich in diesem Buch besprechen werde. Manchmal ist ein Vertrauensbruch beabsichtigt, ein andermal ist er nicht geplant. Manchmal wird ein Vertrauensbruch durch Worte oder Handlungen ausgelöst, ein andermal durch Unausgesprochenes und Verdecktes. Jemand kann Ihr Vertrauen brechen, indem er Ihren Charakter oder von Ihnen vertretene Position angreift. Er kann Ihnen etwas erzählen, aber das Gegenteil tun oder vorgeben, daß ihm an Ihrem Wohlergehen liegt, obwohl Sie ihm in Wirklichkeit gleichgültig sind und er Ihr Vertrauen durch Unterlassungen und Lügen hintergeht. Ihr Vertrauen kann aber auch auf eine subtilere Art gebrochen werden, wenn zum Beispiel jemand schweigt, schlecht über Sie redet oder nicht für Sie da ist, wenn Sie fest mit ihm gerechnet haben.

Es gibt viele Gründe, die jemanden zu einem Vertrauensbruch treiben – Eifersucht, Wut und Konkurrenzdenken – aber überraschenderweise steht der Wunsch, einen anderen Menschen zu verletzen, nicht im Vordergrund. Vielleicht wollen Ihre „Verräter" Ihnen eigentlich helfen und fühlen sich zu Unrecht angegriffen, wenn Sie an ihrer Glaubwürdigkeit und ihren Motiven zweifeln. Sie denken vielleicht, daß sie fürsorglich sind und Sie schützen und daß ihr Verhalten durch ihre guten Absichten gerechtfertigt wird. Handeln sie absichtlich oder unwissentlich so? Wie können sie mit sich selbst leben? Und wichtiger noch, wie können *Sie* mit *ihnen* leben?

Lug und Trug

In meiner Praxis sehe ich oft Menschen, die fürchterlich unter dem Schmerz eines Vertrauensbruches leiden. Tatsächlich zieht sich ein Vertrauensriß durch fast alle Bereiche unserer Gesellschaft. Ob es in der Regierung ist oder in der Industrie, im Bildungswesen, in der Medizin, in der Welt des Films, im Sport oder in den Medien, überall gibt es Menschen und Institutionen, die uns vertrauenswürdig erscheinen, tatsächlich jedoch in einer Welt von Täuschung, Lüge, Gerede und Haarspalterei leben. Auch wenn Kulturhistoriker vielleicht feststellen, daß es schon seit undenklichen Zeiten private und berufliche Beziehungen gegeben hat, denen man nicht vertrauen konnte, so scheinen sie heutzutage doch stärker um sich zu greifen und trügerischer zu sein als je zuvor. Meinungsumfragen zufolge glauben sehr viele Menschen, daß Ehrlichkeit heute seltener ist als noch vor einem Jahrzehnt. Talk-Shows in Fernsehen und Radio bestätigen diesen Eindruck mit ihren täglichen Geschichten von Betrug und Verrat – gebrochenen Versprechen und Treueschwüren, enttäuschten Erwartungen, und abgebrochenen Beziehungen. Wir sehen und hören, wie Opfer sich allein und verlassen fühlen und ohne „seelischen Kompaß" dahintreiben. Wir sind teils fasziniert, teils voll Mitgefühl, weil jeder von uns auf irgendeiner Ebene, auf irgendeine Art diese Qualen auch selbst schon erfahren hat. Sind wir denn ein Volk von Ehebrechern, Schwindlern, Lügnern und Betrügern, die lieber glücklich als anständig sind? Gibt es irgend jemanden, auf den wir uns verlassen *können?*

Die Situation ist um so beunruhigender, als viele Opfer keine Ahnung haben, wie sie ihre Wut überwinden, ihre Würde zurückgewinnen und so über das Trauma des Vertrauensbruches hinwegkommen können. Es ist so, als ob man sich an Papier schneidet: So tut auch jeder Verrat weh, aber man sagt sich, daß es nur eine leichte Verletzung ist, die jetzt zwar weh tut, aber bald heilen wird. „Wahrscheinlich mache ich mir einfach zu viel daraus", redet man sich ohne große Überzeugung ein. Und so akzeptieren Sie den Verrat und wollen Ihre Gefühle gar nicht an Sie heranlassen.

Aber diese Enttäuschungen machen Sie betroffen! Wenn man sich immer wieder an der gleichen Stelle schneidet, wird ein kleiner Schnitt zu einer Wunde, die eine dauernde Narbe hinterlassen kann.

Das Vermächtnis des Vertrauens

Jetzt kommt das Paradoxe: Trotz dieser düsteren Portraits unserer mitmenschlichen Beziehungen steht Vertrauen immer noch ganz weit oben auf der Liste der Tugenden. Unweigerlich wird Vertrauen als wichtigste Eigenschaft genannt, die in einer Beziehung gesucht wird – sei sie geschäftlich oder privat. Die Fähigkeit zu vertrauen ist das wichtigste Kriterium für eine lange befriedigende Beziehung. Vertrauen ist aber kein passiver, sondern ein aktiver Vorgang. Man kann Vertrauen verlieren, aber man kann es auch zurückgewinnen.

Dieses Buch ist für all jene geschrieben, die sich schon einmal betrogen, verlassen, ignoriert oder von einer Vertrauensperson im Stich gelassen gefühlt haben. Unabhängig davon, wie tief der Verrat Sie getroffen hat, wird Ihnen das Buch in dreierlei Hinsicht hilfreich sein:

Erstens werden Sie lernen zu entscheiden, was Vertrauen für Sie bedeutet. Sie sind dann besser gerüstet, um den Charakter der Menschen, mit denen Sie zu tun haben – Ehepartner oder Geliebte, Familienmitglieder, Freunde und Kollegen – besser einzuschätzen. Sie lernen, die Warnsignale zu empfangen und zu erkennen, wenn jemand nicht vertrauenswürdig ist. Sie werden emotionale Erpressung in all ihren Erscheinungsformen im Vorfeld erspüren.

Zweitens werden Sie lernen, die persönlichen Risikofaktoren zu erkennen, die zu einem Vertrauensbruch führen können. Wenn Sie aus Ihrer persönlichen Geschichte heraus ihre seelischen Bedürfnisse begreifen, welche Sie in instabile Beziehungen treiben, dann können Sie Ihre Erwartungen der Realität anpassen und sich gegen künftigen Verrat schützen. Statt sich leichtgläubig und wehrlos vorzukommen, werden Sie sich informiert und stark fühlen – wieder fähig, Ihrem Instinkt zu vertrauen.

Drittens werden Sie lernen, mit den Folgen eines Verrates zurecht zu kommen – wann und wie Sie einen „Verräter" zur Rede stellen, wann und wie Sie Ihren

Groll loslassen und wann Sie möglicherweise verzeihen und Ihr Leben weiterleben. Nach Gefühlen der Hoffnungs- und Hilflosigkeit erfüllt sie neue Entschlossenheit und Stärke. Gerüstet mit neuen Erkenntnissen und praktischen, durchführbaren Techniken können Sie den Schmerz, die Wut und die Rachegefühle überwinden, die Sie nach einem Vertrauensbruch überwältigen. Nur so können Sie Ihr angeschlagenes Selbstvertrauen wieder aufbauen.

Statt jedem zu vertrauen – oder niemand zu vertrauen – lernen Sie gesunde und befriedigende Beziehungen aufzubauen und zu erhalten.

I. Teil | Wem vertrauen Sie?

1. Kapitel Der Vertrauensfaktor: vier grundlegende Wahrheiten

Sieben Jahre lang waren Linda und Tom beste Freunde und Kollegen. Sie hatten seit ihrem Studium in der gleichen Steuerberatungsgesellschaft an der Wall Street gearbeitet. „Er ist für mich wie ein Bruder gewesen", erinnert sich Linda, „wir haben alles miteinander geteilt. Wenn er im Büro ein Problem hatte, habe ich meine eigene Arbeit beiseite gelegt und ihm geholfen." Als eine angesehene New Yorker Firma Linda abwerben wollte, hat sie ganz selbstverständlich das Für und Wider eines so großen Schrittes ausführlich und in allen Einzelheiten mit Tom besprochen.

„Tom hörte mir stundenlang zu", fährt sie fort. „Er hat mir zwar nicht direkt davon abgeraten, das Angebot anzunehmen, aber er erklärte immer wieder, daß ich persönlich glücklicher wäre – und auch beruflich besser dastände –, wenn ich bliebe, wo ich war."

Als Linda einen Monat später von einem verlängerten Wochenende mit ihrem Mann zurückkam, gab der Vorgesetzte ihrer Abteilung bekannt, daß Tom gekündigt hatte. Ihm war eine andere Stelle angeboten worden – eben die, von der er Linda abgeraten hatte.

Wütend rief Linda Tom an, um ihn zur Rede zu stellen. „Ich habe geglaubt, du wärst mein Freund", fing sie an, „aber offensichtlich habe ich eine andere Vorstellung von Freundschaft als du. Für dich ist das eine Einbahnstraße." Tom blieb ungerührt. „Sieh mal", sagte er zu ihr, „ich hätte dir die Neuigkeit gern selbst erzählt, aber ich hatte das Gefühl, daß ich den korrekten Dienstweg einhalten sollte. Ich hoffe, wir können trotzdem Freunde bleiben." Linda war verblüfft. „Es geht nicht so sehr darum, daß du die Stelle angenommen hast", antwortete sie kühl, „sondern darum, daß du dir so wenig Gedanken um meine Gefühle gemacht hast."

Insgeheim fragte sie sich: „Warum passiert so etwas immer mir? Warum habe ich nicht gesehen, daß er so selbstsüchtig war, daß er sogar bereit war, um seiner Karriere willen unsere Freundschaft aufs Spiel zu setzen? Ich hätte es besser wissen müssen", fügte sie hinzu. „Obwohl er nun doch kein Mensch ist, den ich zum Freund haben wollte, habe ich ein großes Verlustgefühl. Ich fühle mich so leer. Wie konnte er mir das nur antun?"

Vertrauen ist der Grundstein jeder unserer Beziehungen – eine stillschweigende Vorstellung davon, wie wir uns anderen gegenüber verhalten, und wie andere uns behandeln. Und weil diese Überzeugung unausgesprochen bleibt, gehen wir davon aus, daß alle anderen so denken wie wir. Wir erwarten, daß die Menschen, denen wir vertrauen, treu, loyal und ehrlich sind. Bei der Heirat gibt man sogar ein rechtlich bindendes Versprechen ab. Mit dem Vertrauen entwickeln sich Achtung, innere Sicherheit und Nähe.

Und trotzdem ist jeder von uns bei der einen oder anderen Gelegenheit schon von jemand verraten worden, dem er eigentlich vertraut hatte. Wenn jemand uns täuscht, wenn er einen Teil seines Wesens oder Handelns vor uns verbirgt, wenn er uns nur das sagt, was wir seiner Meinung nach hören wollen, oder wenn er seine Bedürfnisse über unsere stellt, dann verletzt er unsere Würde und erschüttert unsere Selbstachtung. Es ist wirklich erstaunlich, wie ähnlich die Folgen eines Vertrauensbruches empfunden werden, auch wenn Gesichter, Ort und Handlung wechseln: Wie Linda bleiben die Opfer mit einem erschütternden Gefühl von Leere und Verletztheit zurück. Sie fühlen sich nicht mehr sicher, weder seelisch, physisch noch geistig, und manchmal auch in finanzieller Hinsicht.

Ein solcher Vertrauensbruch bedeutet für viele Opfer nicht nur, daß sie nicht mehr auf den Verräter zählen können. Oft verlieren sie ihr Vertrauen in sich selbst. Ihr Urteilsvermögen ist angeschlagen, ihr Leben wie gelähmt. Wie Linda fragen sie sich ungläubig: „Wieso ist mir das passiert? Ich bin ein anständiger Mensch." Oder: „Ich bin ein intelligenter Mensch, wie konnte ich zulassen, daß mich jemand so ausnutzt?" „Warum habe ich nicht gemerkt, daß er unaufrichtig war?" Dabei übersehen sie, daß eigener Anstand und Intelligenz nicht vor Böswilligkeit und Unehrlichkeit anderer schützen. Davor kann man sich nur dann schützen, wenn man lernt zu erkennen, wie und wo man potentieller Unehrlichkeit Angriffspunkte bietet, man sich bewußt wird, wer möglicherweise ein Verräter ist, und weiß, wie man mit ihm umgehen muß.

Ein Vertrauensbruch bedeutet oft einen doppelten Verlust. Das eigentliche verräterische Verhalten oder die verletzenden Worte sind an sich schon schlimm genug, aber der Vertrauensbruch selbst ist noch schlimmer. Ein Vertrauensbruch zwingt uns zunächst, eine schmerzliche Realität anzuerkennen, die wir vorher ignorieren wollten. Anschließend müssen wir einige schwierige Entscheidungen treffen. Möglicherweise sind wir am Ende gezwungen, eine Beziehung zu beenden, die uns wichtig war.

Auch Linda mußte erleben, daß ein Verrat außerdem

besonders schwer zu erkennen ist, wenn sich verschiedene Rollen vermischen. Als ihre berufliche Beziehung zu Tom sich zu einer persönlichen Freundschaft entwickelte, begann die Grenze zwischen Freund und Kollege zu verschwimmen. In dieser emotionalen Grenzzone wurde ihre Erwartung an den Geschäftskollegen Tom von der Erwartung überdeckt, daß der Freund ihr gegenüber ehrlich sein würde.

Was heißt Vertrauen?

Linda steht nicht allein. Aber bevor wir uns dem Kampf zuwenden, vor dem sie und andere stehen, wenn sie mit Lügen und Verrat umgehen müssen, lassen Sie uns zunächst definieren, was wir unter Vertrauen verstehen. Über Vertrauen spricht fast jeder, aber nur wenige können diesen Begriff wirklich fassen. Der „Webster"[1] gibt uns zwei Definitionen, die einige wichtige Hinweise liefern: 1. „Vertrauen ist das Sich-Verlassen auf Charakter, Fähigkeit, Stärke oder Wahrheit von etwas oder jemand." 2. „Jemand, in den man Zuversicht setzt." Mit anderen Worten: Vertrauen ist der Kitt, der uns miteinander verbindet.

In der psychologischen Fachliteratur ist sehr häufig von diesem ganz elementaren menschlichen Bedürfnis die Rede. Das Verhalten von Kleinkindern bleibt uns oft ein Geheimnis, Forschungen haben aber erwiesen, daß das Vertrauen sich mit den allerersten Erfahrungen eines Kindes entwickelt, wenn jemand für es sorgt und es auf beständige und liebevolle Art schützt.

Viele Forscher – ganz besonders der Psychiater John

[1] Ein verbreitetes amerikanisches Wörterbuch (Anm. d. Ü.).

Bowlby und die Soziologin Margaret Mahler – konzentrierten sich auf diese frühen Kindheitserfahrungen. Sie gehen davon aus, daß seelische Gesundheit unmittelbar mit einer frühen zuverlässigen Beziehung zwischen dem Baby und seiner Bezugsperson, gewöhnlich der Mutter, zusammenhängt. In den späten dreißiger Jahren entwickelte Bowlby seine klassische Bindungstheorie, die die Entwicklung eines festen, dauerhaften und liebevollen Bandes zwischen dem Kind und seiner Bezugsperson betrifft. In den fünfziger Jahren forschte Mahler über den Trennungsprozeß von Mutter und Kind und die Individuation. Sie stellte fest, daß ein Baby in der Zeit zwischen der Geburt und dem Alter von fünf Monaten erkennt, daß es nicht eins mit seiner Mutter, sondern von ihr getrennt ist. Wenn es immer wieder bestätigende Zuwendung erlebt, lernt das Baby, zu erwarten, daß Mutter, Vater oder eine Pflegeperson da sind, um seine Bedürfnisse zu erfüllen, es zu schützen; es zu lieben, es zu versorgen, es zu füttern, wenn es hungrig ist, und zu trösten, wenn es weint.

Andere Forscher stellten Hypothesen darüber auf, wie sich diese Erfahrungen auf die Einstellung und das Verhalten Erwachsener auswirken. Der berühmte Psychologe Erik Erikson schrieb in den sechziger Jahren: „Urvertrauen ist der Zustand einer Beziehung, in der ein Kind gelernt hat, sich auf die Gleichförmigkeit und Beständigkeit eines äußeren Versorgers zu verlassen.“ Erikson erklärte, daß das Kind mit der Zeit die Welt als einen sicheren und glücklichen Ort und sich selbst als Teil davon erfährt. Ein Kind, das Zutrauen in diese konstante Fürsorge entwickelt, wird als Erwachsener weniger intensive und chronische Ängste, Sorgen und weniger Wut entwickeln als andere. Wie bereits Bowlby festgestellt hatte, ist eine feste Bindung „ein wesentlicher Schlüssel für die geistige Gesundheit der nächsten Generation".

Eine beständige und verläßliche Erziehung führt zu dem, was die Psychoanalytikerin Theresa Benedek später als „positive Erwartung" bezeichnete. Ist diese vorhanden, erwirbt das Kind einen ausreichenden Bestand an Urvertrauen. Es befähigt das Kind dazu, unangenehme Situationen auszuhalten, weil es für die Zukunft Befriedigung erwartet. Kinder, die in ihrer frühen Kindheit konstante und beruhigende Reaktionen erleben, fühlen sich sicher. Sie werden das Zutrauen haben, sich von ihrer Mutter trennen zu können, eine Welt, die Vergnügen und Anregung bietet, zu erforschen und auch Risiken einzugehen. Gegenüber Fremden wird Neugier und Staunen vorherrschen. Zwar zeigen alle Kinder im ersten Lebensjahr Angst vor Fremden, aber Kinder ohne Urvertrauen zeigen oft stärkere Ängste.

Einem anderen Menschen vertrauen zu können, ist die Grundlage für unser Gefühl von Geborgenheit. Weil wir als Kinder jedoch unterschiedliche Erfahrungen machen, haben wir verschiedene Definitionen von und Erwartungen an Vertrauen. Die obengenannten Forscher sind sich einig, daß die Erfahrungen aus der frühen Kindheit sogar zum Muster dafür werden, wie wir unsere Beziehungen zu anderen gestalten und was wir von ihnen erwarten. Ebenso wie ein Säugling lernt, zu lächeln und darauf zu vertrauen, daß sein Lächeln erwidert wird, lernt das Kindergartenkind, der Gruppenleiterin stolz die Geburtstagskarte zu geben, die es für sie gemacht hat, und das Grundschulkind kann herzlich und zuversichtlich mit seiner besten Freundin scherzen. Nach Bowlby wird jede neue Person, die wir kennen – Freund, Lehrer, Ehepartner, Vorgesetzter – in unser inneres Bindungsmodell aufgenommen. Unbewußt verhalten wir uns ihm oder ihr gegenüber ganz ähnlich, wie wir uns unseren ursprünglichen Bezugspersonen gegenüber verhalten haben.

Die ganze Familie

Wenn die Vertrauensbasis schwach entwickelt ist, wachsen wir mit einem angeschlagenen Selbstwertgefühl auf und leben mit einer ganzen Menge unerfüllter seelischer Bedürfnisse. Wenn diesen Grundbedürfnissen nicht – oder nur teilweise – entsprochen wird, dann bleibt in uns Gefühl von Sehnsucht, Erwartung und Enttäuschung zurück. Verzweifelt suchen wir Liebe, Unterstützung und Anerkennung und gehen vielleicht – ohne uns dessen bewußt zu sein – mit Partnern, Familienmitgliedern, Freunden, Kollegen und sogar mit unseren eigenen Kindern einseitige Beziehungen ein. Ein Vertrauensbruch bedeutet Verlassenwerden und Verlust. Wenn Sie als Erwachsener einen Vertrauensbruch erleben, kann er ähnliche Gefühle von Sehnsucht und Verlust auslösen, wie sie Sie vielleicht als Kind erlebt haben. Sie fühlen sich ganz allein, in tiefe Verzweiflung gehüllt. Ihre Bedürfnisse wurden von jemand beiseite geschoben, obwohl Sie überzeugt gewesen waren, daß ihm an Ihrem Wohlergehen liege. Unter diesen Umständen ist es schwierig, gar unmöglich, Selbstsicherheit zu entwickeln. Weil Sie sich ungeschützt und verletzlich fühlen, erscheint es Ihnen als Erwachsenem bedrohlich, ja gefährlich, jemandem zu vertrauen.

Wenn ein oder beide Elternteile mit Alkoholismus, Drogenmißbrauch oder anderen Suchtverhalten zu kämpfen hatten, beeinträchtigt dies Ihre Fähigkeit zu verläßlichen und vertrauenswürdigen Reaktionen. Jemand, der in einem solchen Zuhause aufgewachsen ist, wird dann den Problemen im Zusammenhang mit Vertrauensbruch besonders ausgesetzt sein. Warum? Weil wir alle darauf angewiesen sind, daß unsere Eltern uns eine Richtschnur für Moral und Verhalten vermitteln. Wenn die Wut unserer Mutter nicht mehr zu bremsen war, weil sie zuviel trank und zwischen Phasen von Geschrei und Zuneigung schwankte, ... wenn unser Vater versprach, bei einem Fußballspiel zuzuschauen, aber wie gewöhnlich nicht erschien, weil er auf der Rennbahn war, dann fehlt uns die Erfahrung von Beständigkeit und Fürsorglichkeit, die wir gebraucht hätten, um dieses Vertrauen zu entwickeln. Auch Lüge, Betrug und Untreue können sich im Familienleben über Generationen negativ auswirken.

Nehmen wir den Fall von Marcy, einer Anwältin. Sie kam tränenüberströmt zu mir, weil sie ihre Verlobung mit Rick, einem Modefotografen, mit dem sie seit eineinhalb Jahren zusammen war lösen wollte. Marcy war tief erschüttert, weil sie vor kurzem entdeckt hatte, daß ihr angebeteter Vater, ein einflußreicher Bankier, seit mehr als zehn Jahren heimlich eine Affäre mit einer Kollegin gehabt hatte. Er trennte sich gerade nach zweiunddreißigjähriger Ehe von Marcys Mutter, um die andere Frau zu heiraten. Marcy, ein Vaterkind, war über die zerrüttete Ehe ihrer Eltern am Boden zerstört, was sich nach nicht allzu langer Zeit in ihrer Beziehung zu Rick auswirkte. „Wie kann ich wissen, ob ich ihm vertrauen kann?" fragte sie sich laut in meinem Büro. „Rick ist Fotograf. Er sieht täglich schöne Frauen." Als ich sie fragte, ob es irgendeinen Grund gäbe, an der Liebe ihres Verlobten zu zweifeln, verneinte sie. Das minderte aber weder ihre Ängste noch ihre ambivalenten Gefühle. Obwohl Marcy den Zusammenhang zwischen der Untreue ihres Vaters und ihrem Mißtrauen vom Verstand her begriff, war sie dennoch von dem Betrug ihres Vaters tief verletzt.

Wenn es Ihnen ähnlich geht wie Marcy, dann fehlt Ihnen vielleicht im Innersten das Selbstvertrauen. Das heißt, Ihnen fehlt die Überzeugung, daß Sie haben, was Sie brauchen, um zu erreichen, was Sie sich vornehmen. Obwohl Sie erfolgreich und begabt sind, leben Sie möglicherweise in Beziehungen, die die hilflose Unsicherheit und Zweifel aus Ihrer Kindheit wieder an die Oberfläche bringen. Solche Selbstzweifel können viele Gesichter haben: Werde ich dafür sorgen können, daß meine Ehe funktioniert? Bin ich als Vater oder Mutter gut genug? Besitze ich die notwendigen Qualitäten, um einen beruflichen Aufstieg in Angriff zu nehmen? Sie können als Erwachsener aber auch zu vertrauensselig sein. Als Reaktion auf unerfüllte Sehnsüchte, das Sie nie bekommen, werden Sie sich vielleicht einem Menschen nähern, obwohl es Anzeichen dafür gibt, daß diese Person nicht vertrauenswürdig ist. Sie sind naiv und halten an der Hoffnung fest, daß dieser Mensch sich ändern wird, daß er irgendwie, auf irgendeine Art anders werden wird. Sie reden sich ein, daß die Beziehung die dauerhafte Treue und das Glück hervorbringen wird, nach denen Sie so verzweifelt suchen; oder daß Sie allein durch Ihre Liebe, Fürsorge und Unterstützung dafür sorgen können, daß die Beziehung funktioniert. Wenn Ihr Vertrauen schließlich enttäuscht wird, vor allem in Anbetracht dessen, wieviel Sie gegeben haben. „Ich habe mich dir anvertraut", sagen Sie ungläubig: „Du warst mein Freund ... wie konntest du mir das antun?"

Wenn die Grundlage für Ihr Vertrauen sehr brüchig geworden ist, werden Sie Ihren Schutzschild vielleicht nie ablegen wollen und niemanden an sich womöglich heranzulassen. Sie sind vorsichtig und argwöhnisch und werden, wenn auch unbewußt – selbst jemand verraten. Wenn Sie als Kind das Trauma erlebt haben, einen Elternteil durch Krankheit oder Scheidung zu verlieren, schützen Sie sich vielleicht vor jedem zukünftigen Verlust, indem Sie sicherstellen, daß Sie immer derjenige sind, der eine Beziehung beendet, nur um ja nicht verlassen zu werden. So sehr Sie sich auch nach einer vertrauten Beziehung sehnen, haben Sie zuviel Angst und sind zu mißtrauisch, um sich auf den neuen Partner zu verlassen. Sie gehen auf jemanden zu, ziehen sich aber zurück und lassen ihn im Stich, sobald Sie das Gefühl haben, wieder in die alte Falle zu geraten und abhängig zu werden. Sie wollen und können es nicht riskieren, diese frühe seelische Verletzung noch einmal zu erleben.

Die Saat des Mißtrauens ist gesät.

Vier grundlegende Wahrheiten: der Vertrauensfaktor

Vertrauen ist die Heimat des Herzens. Vertrauen ist da, wo wir unseren Glauben in andere setzen. Aber allzuoft vertrauen wir nur dem äußeren Anschein. Wir sagen uns: „Er sieht vertrauenswürdig aus – kompetent, klar und offen." Wir gehen davon aus, daß die Menschen geradeheraus sind, und in gewisser Hinsicht sind sie das auch: Sie zeigen uns ihr Gesicht, die Fassade, wie wir sehen sollen. Wir vervollständigen das Bild selbst.

Manchmal vertrauen wir Menschen auch einfach deshalb, weil sie uns versichern, daß wir dies können. „Das können Sie mir glauben", sagen sie vielleicht. Aber das Aussehen kann täuschen, und Worte können so formuliert werden, daß man hört, was man hören will. Häufig ignorieren wir, was wir sehen, oder wir geben ihm unsere eigene Deutung, die auf den Erlebnissen in unserer Ursprungsfamilie beruht. Wir behaften dann das Verhalten eines anderen mit unserer eigenen Wahrnehmung. Vielleicht stammen Sie aus einer Familie, in der Lüge und Unehrlichkeit an der Tagesordnung waren. Dort haben Sie womöglich gelernt, daß lügen ein fürsorgliches Verhalten ist, wenn es den Zweck hat, eine geliebte Person zu schützen ... ähnlich den Notlügen, um jemanden einen Schmerz zu ersparen. Auf eigenartige Weise erscheint Ihnen die Unehrlichkeit in Ihrer jetzigen Beziehung, normal. Schließlich sind Vater und Mutter mit Ihnen und anderen auch so umgegangen.

Die Vorstellung von Vertrauen, die jeder für sich entwickelt, schließt unsichtbare, aber wichtige Erwartungen ein, die ich den Vertrauensfaktor nenne. Sowohl Familienwerte und -vorstellungen als auch Erfahrungen mit Eltern und Geschwistern tragen dazu bei, wie wir diese Erwartungen interpretieren. Es gibt vier grundlegende Wahrheiten oder Erwartungen, die den Vertrauensfaktor ausmachen. Lassen Sie uns jede einzelne genauer anschauen und sehen, wie sie uns beeinflussen.

Du wirst für mich da sein

Wenn wir einem Menschen vertrauen, erwarten wir, daß er oder sie für uns da ist – um uns sowohl physisch als auch seelisch zu unterstützen. Wir möchten also, daß er buchstäblich an unserer Seite ist, Zeit mit uns verbringt, mit uns spricht und uns stützt. Wir erwarten aber auch, daß er mitfühlend zuhört, wenn uns Probleme bedrängen, und daß er darauf in einer Weise reagiert, die beweist, daß ihm an uns liegt.

„Er ist nie für mich da" ist eine der häufigsten Klagen, die man im Büro eines Therapeuten hört. Das Problem ist aber, daß „da sein" für verschiedene Leute eine unterschiedliche Bedeutung hat. Besonders auffallend ist, wie unterschiedlich – und doch jeweils aufrichtig – die Definitionen von Männern und Frauen vorgetragen werden. Für die meisten Männer ist „da sein" gefühlsmäßig gleichbedeutend mit Problemlösung. Mr. „Ich-bringe-das-in-Ordnung" will Ihr Problem hören und sofort eine Lösung finden – „Bitte nur die Tatsachen, meine Dame". Und nachdem er einmal zugehört hat, will er nicht noch hundertmal zuhören. Daher sperrt er sich und geht zum nächsten Schritt des „Da-seins" über: der Lösung des Problems.

Der folgende Wortwechsel zwischen Camilla und ihrem Mann Bruce ist ein gutes Beispiel: Camilla hatte vor kurzem eine neue Stelle in einem Verlagshaus angetreten, aber nach der ersten Woche kam sie bereits angsterfüllt nach Hause. Das Büro war weniger gut organisiert, als sie anfangs gedacht hatte, und ihr Arbeitsbereich war unklar definiert. Ihr neuer Vorgesetzter schien sowohl in bezug auf Zeit als auch auf Leistung weit mehr von ihr zu erwarten, als sie glaubte, leisten zu können. Sie zweifelte ernsthaft an ihrer Fähigkeit, mit der neuen Verantwortung fertigzuwerden. Sie befürchtete, sich übernommen zu haben, und sie wollte bei Bruce ihrer Frustration und Verwirrung Luft machen. Bruce reagierte umgehend und umriß mit konkreten Ratschlägen eine Strategie. Ihre Unterhaltung nahm folgenden Lauf:

„Camilla, am Montag solltest du einen Termin mit deinem Vorgesetzten ausmachen. Sag ihm genau, wie es dir geht. Erinnere ihn daran, was der Personalchef bei deinem ersten Vorstellungsgespräch zu dir gesagt hat …" „Ich weiß nicht, ob ich das tun kann", sagte sie zögernd: „Vielleicht sollte ich noch ein wenig abwarten." „Na gut, dann setzte eine Frist, sagen wir zwei Wochen", setzte Bruce –, ohne eine Pause zu machen, nach. „Und wenn du am Ende dieser Zeit noch immer unzufrieden bist, dann mach einen Termin mit deinem Vorgesetzten aus und schildere ihm deinen Kummer."

„Aber was ist, wenn ..."

„Camilla vergiß es", schrie Bruce, „wenn du alles ablehnst, was ich vorschlage, dann brauchen wir nicht darüber zu reden."

Bruce hatte seiner Meinung nach drei vernünftige Lösungen für Camillas Dilemma angeboten, und sie hatte alle abgelehnt. Anschließend stritten sie sich. Camilla war in Tränen aufgelöst und davon überzeugt, daß Bruce ihre Probleme gleichgültig waren und daß sie ihm ihre Gefühle nicht anvertrauen konnte.

Wie viele Frauen verbindet Camilla emotionales „Da-sein" mit zuhören. Daß man ihr zuhört, einfach nur zuhört, wenn sie über ihre Sorgen spricht oder über das, was sie bschäftigt. Sie will keine Vorschläge hören, sie braucht nur ein Gegenüber, jemanden, der ihren Kummer mitfühlt, gleichgültig, wie albern oder irrational dieser scheinen mag. Sie hätte sich ganz anders gefühlt, wenn Bruce einfach gesagt hätte: „Ich kann verstehen, daß dich das sehr aufregt", und er sie hätte reden lassen. Sie hätte das Gefühl gehabt, verstanden zu werden und hätte sich ausreichend sicher gefühlt, um ihm ihre innersten Gedanken und Gefühle anzuvertrauen.

Da zu sein heißt für viele Leute auch, daß der andere akzeptiert, wer Sie sind und was Sie tun, auch dann, wenn er anderer Meinung ist oder Ihre Ansichten und Handlungen mißbilligt. Daß er genug Respekt vor Ihnen hat, um Ihre Entscheidungen nicht zu kontrolliert, indem er Ihnen seine Unterstützung entzieht, sondern daß er loyal bleibt und grundsätzlich Anteil nimmt.

Eine äußerst verbreitete und heimtückische Art des Vertrauensbruches besteht darin, ein negatives Urteil über das Verhalten einer Freundin zu fällen – sei es über den Mann, den sie heiraten will, die Stelle, die sie annimmt oder den Ort, an den sie zieht. Don war konsterniert und verletzt, als sein bester Freund Jason sich weigerte, ihn zurückzurufen, nachdem Don ihm erzählt hatte, daß er seine Frau Diane nach vier Jahren Ehe um die Scheidung gebeten hatte. „Jason war bei meiner Hochzeit Trauzeuge", erklärt Don, „und ich weiß, daß er sehr eng mit Diane befreundet ist. Aber zählt unsere Freundschaft denn nichts? Ich habe ihn nicht verurteilt, als er seine Heirat einen Monat vor der Trauung absagte", fährt Don fort. „Ich fand es zwar schäbig, so etwas zu tun, aber ich habe verstanden, daß die Hochzeit für ihn ein Fehler gewesen wäre. Warum tut er jetzt so überlegen?"

Für viele Menschen bedeutet Vertrauen, daß jemand konkret für sie da sein wird – sie im Krankenhaus besucht oder ihre Kinder versorgt, wenn sie selbst krank oder sonst nicht dazu in der Lage sind; ihnen zuhört, wenn sie über Eheprobleme oder den Verlust einer Stelle sprechen – oder ihnen sogar Geld leiht, wenn sie pleite sind. „Ich kenne meinen Bruder", sagte kürzlich ein Mann zu mir: „Egal, wie sehr wir uns streiten – und Sie können mir glauben, daß wir uns oft und heftig streiten, über Frauen, Politik, was auch immer –, aber im Notfall steht er für mich ein. Wir sind füreinander da."

In vielen Fällen wird das „Da-sein" symbolisch durch das Telefon hergestellt oder sozusagen als Anschluß zur Vertrauensperson. Wir erwarten, daß eine Freundin mit uns in Verbindung bleibt – und zwar regelmäßig – insbesondere in Krisen- oder Streßzeiten. Nehmen Sie Caitlins Fall: Sie war sehr wütend auf ihre Schwester Patty, weil die sie nicht anrief. „Sie weiß, daß meine Ehe auseinanderbricht", erzählte sie mir in einer Sitzung: „Patty ist die einzige, mit der ich über das gesprochen habe, was ich durchmache; wie ich mit zwei kleinen Kindern zurechtkommen kann, wenn Paul und ich unsere Probleme nicht lösen können. Und sie hat es fertiggebracht, mir zu sagen, daß sie nicht länger darüber reden könnte. Hätte sie Schwierigkeiten gehabt, hätte ich ihr zugehört, bis mir die Ohren abfallen", verkündete sie entrüstet: „Jetzt weiß ich, daß ich auf sie nicht zählen kann."

Patty fühlte sich geschlagen, frustriert und schuldig. „Ich habe ihr zugehört; ich habe versucht, vernünftig mit ihr zu reden; ich war für sie da, verflixt nochmal! Aber wissen Sie, ich muß mich auch um mein eigenes Leben kümmern.

Warum vermittelt sie den Eindruck, daß nichts, was ich tue, gut genug ist?" Verschiedene Erwartungen an eine Vertrauensbeziehung haben hier den Hintergrund für einen Vertrauensbruch geschaffen.

Die Beziehung wird dauerhaft sein

Daß eine Beziehung hält und beständig ist, ist eine weitere grundlegende Erwartung im Zusammenhang mit dem Vertrauensfaktor. Wir vertrauen, um Nähe und Vertrautheit zu pflegen. Die Überzeugung „Ich kann immer auf dich zählen", ist für Vertrauen ganz wesentlich.

Oft schenken wir unser Vertrauen aber zu früh oder zu Unrecht. Vielleicht kennen wir jemanden nicht gut genug, um entscheiden zu können, ob er unser Vertrauen verdient. Vielleicht spüren wir eine potentielle Unzuverlässigkeit, erhalten die schmerzhafte oder unbefriedigende Beziehung aber trotzdem aufrecht, weil wir Angst davor haben, sie zu beenden. Wir glauben, daß die Person, der wir vertrauen, für uns da sein wird, und zwar nicht nur einmal, sondern immer. Wenn sie uns enttäuscht, sehen wir darüber hinweg und erwarten, daß sie beim nächsten Mal für uns einstehen wird. Nach vorne zu schauen, hilft uns, über den momentanen Schmerz und die Enttäuschung hinwegzugehen. So halten wir an unserem Glauben fest, daß die Person unser Vertrauen wert ist. Unser Verlangen nach Beständigkeit macht es schwer, einen Menschen realistisch einzuschätzen und festzustellen, ob er unseren Erwartungen entspricht.

Sherry ist ein typisches Beispiel für Menschen, die eine Beziehung so sehr brauchen oder suchen, daß sie die Dinge nicht mehr in der richtigen Perspektive sehen. Trotz der Mahnungen ihrer Freunde wollten Sherry, mit Jed, dem Mann, mit dem sie seit acht Monaten zusammenlebte, nicht Schluß zu machen. Jed erzählte ihr oft, daß er wegen eines Auftrags spät arbeiten müßte – und Sherry entdeckte dann, daß er in Wirklichkeit mit Freunden in einer Bar gewesen war. Wenn sie ihn zur Rede stellte, wich er aus oder log. Aber an anderen Tagen kam Jed mit einem Arm voll Rosen nach Hause oder hörte verständnisvoll zu, wenn sie über Schwierigkeiten bei der Arbeit oder mit ihrer Familie sprechen wollte. Ihm schien an ihr zu liegen ... Sherry glaubte, allen Grund zu haben, ihre Beziehung für sicher zu halten.

Für Menschen wie Sherry ist es schwieriger, eine schlechte Beziehung zu beenden, als mit der Tatsache zu leben, daß jemand ihr Vertrauen womöglich nicht verdient. Paradoxerweise hielt ihre Angst vor dem Verlassenwerden Sherry in einer brüchigen und unbeständigen Beziehung.

So etwas kann zwischen Freunden ebenso vorkommen wie bei Liebespaaren. Elissa und Nell, zwei Redaktionsassistentinnen bei einer großen Frauenzeitschrift, befreundeten sich. Sie arbeiteten nicht nur gut zusammen, sondern hatten auch viel gemeinsam: zwei Singles, fasziniert vom Verlagswesen, begeistert vom Ballett – und beide machen gerne Einkaufsbummel. „Ich hatte das Gefühl, eine echte Seelenverwandte gefunden zu haben", erinnert sich Elissa: „Seit dem Studium war keine Freundschaft so tief gewesen und hatte mir soviel bedeutet. Ich konnte Nell alles erzählen – und das tat ich auch. Wir sprachen über Persönliches – unsere Freunde, die lächerlichen Kämpfe mit unseren Müttern. Und ich glaubte, daß wir uns gegenseitig halfen, eine Strategie für unsere Karriere zu entwickeln.

Erst als es zu spät war, merkte Elissa, daß Bürofreundschaften ebenso heikel sein können wie Affären im Büro. Nell war nicht so vertrauenswürdig, wie Elissa gedacht oder gehofft hatte. „Heute sehe ich, daß ich ihr viel zu viel anvertraut habe. Ich habe mich über meinen Vorgesetzten beklagt. Wir mochten ihn beide nicht, und ich war sicher, daß von unseren Gesprächen nichts nach draußen dringen würde. Aber als Nell zur Redakteurin befördert wurde, ging mir auf, wie sehr ich mich geirrt hatte. Sie erzählte unserem Vorgesetzten alles, was ich über ihn gesagt hatte. Ich fühlte mich schrecklich, als sie mir so plötzlich in den Rücken fiel. Ich hatte eine Kollegin und eine Freundin verloren. Heute, zehn Jahre später, tut es immer noch weh, wenn ich daran denke." Aber sie gibt ehrlicherweise zu, daß sie immer noch nicht sicher ist, wie sie damals hätte wissen können, was sie heute weiß. Mit der Erwartung „Es wird so bleiben" geht das Gefühl von Sicherheit und Geborgenheit einher. Diese Vorhersagbarkeit – der Glaube, daß das Leben gut sein wird, und die Hoffnung, daß die Menschen vertrauenswürdig sein werden – mildert die Angst und bietet die Sicherheit, daß unsere Welt in Ordnung ist.

Du wirst aufrichtig sein

Wenn wir vertrauen, offenbaren wir unser wahres Ich. Wir lassen unseren Schutzschild sinken und erwarten, daß unser Gegenüber ebenso aufrichtig, echt und offen ist. Auch seine Gefühle soll er offen zeigen. Er soll uns sagen, wenn er wütend oder enttäuscht über uns ist, aber auch wenn er glücklich und stolz ist.

„Du wirst aufrichtig sein" setzt voraus, daß jemand mit uns spricht, bevor er irgend etwas macht, das uns betrifft. Ob er sich für eine Stelle bewirbt, an der wir auch interessiert sein könnten (wie bei Linda und Tom), sich mit jemand verabredet, mit dem wir eine Beziehung hatten; oder – auf einer anscheinend oberflächlichen Ebene – sich das gleiche Kleid kauft oder dem gleichen Fitness-Club beitritt: Wir wollen davon unterrichtet und nicht vor vollendete Tatsachen gestellt werden. Wenn diese Person uns zunächst nicht ins Vertrauen gezogen hat, erwarten wir wenigstens, daß sie „auspackt", bevor es jemand anders tut. Und wird er den Vertrauensbruch nicht bestreiten, wenn wir ihn deswegen zur Rede stellen.

Dieses grundlegende Element von Ehrlichkeit fehlte in Claires Beziehung zu Lucy. Claire und Lucy wurden gute Freundinnen, als ihre Töchter in die Vorschule kamen. Sie verbrachten viele Stunden damit, auf einer Parkbank zu sitzen, und Gefühle und Ängste bei der Kindererziehung auszutauschen. Das jedenfalls meinte Claire. Aber irgend etwas in dieser Beziehung störte Claire, auch wenn sie nicht genau sagen konnte, was.

Immer, wenn sie beiläufig erwähnte, daß ihre Tochter zu einem Geburtstag eingeladen oder mit einem anderen Kind zum Spielen verabredet war, hörte sie später von einer anderen Mutter, daß Lucy bei ihr angerufen und für den gleichen Nachmittag eine Verabredung für ihre Tochter ausgemacht hatte. Als sie ihre Tochter zum Ballettunterricht anmeldete, damit sie andere Kinder aus der Nachbarschaft kennenlernte, meldete Lucy ihre Tochter in der gleichen Klasse an. Wenn sie Lucy erzählte, daß sie für den Geburtstag ihrer Tochter einen Zauberer engagiert hatte, kündigte Lucy beiläufig an, daß sie den gleichen Zauberer *und* einen Clown engagiert hatte, die beim Geburtstag ihrer eigenen Tochter dasein würden. Claire erfuhr auch von einer gemeinsamen Freundin, daß Lucy während Claires Urlaub bei dem Babysitter angerufen hatte, der regelmäßig samstags zu Claire kam. Sie war sicher gewesen, daß ihre Freundin nichts dagegen hätte.

„Mir war gar nicht wohl dabei, aber ich konnte es nicht erklären", erzählte mir Claire: „Warum tat sie das? Es schien, als ob wir ständig in Konkurrenz zueinander standen. Immer, wenn ich sie darauf ansprach, war sie sehr gekränkt und gab mir das Gefühl, ein Trottel zu sein, weil ich so etwas erwähnt hatte. Dennoch wollte sie mir bei allem, was ich tat, immer eine Nasenlänge voraus sein. Ich begann, darauf zu achten, was ich zu ihr sagte, und mochte mich deswegen selbst nicht – aber aus irgendeinem Grund war ich nicht fähig, richtig mit der Sprache herauszurücken und zu fragen: ‚Was geht hier eigentlich vor?' Ich wollte nicht länger mit ihr befreundet sein. Ich wußte, daß sie hinter meinem Rücken über mich redete, ich konnte ihr nicht mehr vertrauen. Ich fühlte mich betrogen, wollte die Freundschaft aber auch nicht beenden. Ich wollte ihre

Freundin sein, und es gab nach wie vor Seiten unserer Freundschaft, die ich schätzte. Ich hoffte, sie würde damit aufhören." Unfähig, den Verlust einer Freundschaft ins Auge zu fassen, fühlte Claire sich verpflichtet, die schmerzhafte, unbefriedigende Beziehung aufrecht zu erhalten.

Die meisten Menschen geben anderen mehrmals die Gelegenheit, sich als vertrauenswürdig zu erweisen. Bei den ersten Anzeichen von Lucys konkurrierendem Verhalten fand Claire Erklärungen dafür. Sie machte sich sogar selbst Vorwürfe, so überempfindlich und übertrieben mißtrauisch zu sein.

Du wirst mich schützen

Vertrauen wirkt wie eine Art Ruhepolster. Das meinen Menschen, wenn sie sagen: „Ich fühle mich bei ihm geborgen." Wenn wir jemandem vertrauen, erwarten wir, daß er persönliche Informationen nicht mißbraucht. Diese Sicherheit erlaubt uns, unsere Unsicherheiten und Schwächen zu zeigen, ohne zu fürchten, daß der andere sie weitererzählt oder als Waffe gegen uns benutzt.

Wenn Sie zum Beispiel Sorgen haben und nach hilfreichen Rückmeldungen suchen, liegt es nahe, einem vertrauen Kollegen zu sagen: „Ich bin nicht sicher, ob ich gut genug bin, um Teilhaber zu werden." Oder zu Ihrem Ehepartner: „Es fällt mir schwer, neue Leute kennenzulernen. Ich bin ziemlich nervös, wenn wir zu einer Party gehen, bei der ich niemand kenne." Vielleicht decken Sie auch persönliche Informationen oder Geheimnisse auf – zum Beispiel die Tatsache, daß Sie mit neunzehn Jahren eine Abtreibung hatten; daß Ihnen Ihr erster Job gekündigt wurde; oder Ihre Befürchtung, daß Ihre Teenager-Tochter den falschen Umgang haben könnte –, Sie erwarten dabei, daß die Information nicht nach außen dringt.

Holly bekam den Stachel des Verrates sehr deutlich zu spüren, als sie sich mit ihrem Makk Kenny darüber stritt, ob sie fähig war, mit Geld umzugehen. „Wir wurden beide ziemlich gemein", gibt Holly zu und ist auf manche Dinge, die sie selbst gesagt hat, auch nicht besonders stolz. „Aber ich war wie vor den Kopf geschlagen, als er auf meine Schwester anspielte, die in ihrem letzten Semester an der Universität wegen Ladendiebstahls verhaftet worden war. Ich weiß, wie wütend er war. Aber es nahm mir fast den Atem, als er sagte ‚Du bist verrückt, deine ganze Familie ist verrückt – sieh dir nur an, was mit deiner Schwester war.' Ich weiß, daß es in meiner Familie viele Probleme gibt – aber mir das auf so eine verletzende Weise vorzuwerfen ..." Holly war von diesem Verrat getroffen und sprachlos.

Wenn wir Schutz erwarten, glauben manche, daß jemand, dem wir vertrauen, uns nicht mutwillig verletzt oder zuläßt, daß jemand anders uns verletzt. Daß er den Mut hat, uns zu verteidigen, wenn jemand uns schlecht macht, statt nur schweigend dabei zu sitzen: Daß er „das Richtige tut" und vor allem, daß er sich uns gegenüber anständig verhält.

Diese vier Erwartungen machen den Vertrauensfaktor aus. Wird eine davon enttäuscht, dann fühlen wir uns verraten, verwundbar und ausgeliefert. Vertrauensbrüche wirken unterschiedlich, je nachdem, wo sie auftreten. Bricht zum Beispiel jemand das Vertrauen, daß er für uns da sein wird, fühlen wir uns allein und ohne Unterstützung. Wird die Erwartung enttäuscht, daß das Vertrauensverhältnis dauerhaft ist, wird unser Wohlergehen erschüttert. Wird das Vertrauen auf Ehrlichkeit gebrochen, schlägt dies unser Wertsystem an und untergräbt unseren Glauben an die Person und die Beziehung. Wird schließlich unser Bedürfnis nach Schutz enttäuscht, verschwindet unser persönliches Sicherheitsnetz und unser Selbstvertrauen.

Wenn wir die Erfahrungen aus unserer frühen Kindheit und die Wertvorstellungen unserer Eltern genau anschauen und analysieren, wie unser Vertrauensfaktor funktioniert, stellen wir möglicherweise fest, daß manche unserer jetzigen Beziehungen nicht so erfüllt und befriedigend sind, wie wir dachten. Vielleicht basiert unser Vertrauen mehr auf dem *Wunsch,* an Menschen zu glauben, als daß wir tatsächlich *Grund* dafür hätten. Was haben wir falsch gemacht? Was könnten wir anders machen? Damit setzen wir uns im nächsten Kapitel auseinander.

2. Kapitel Blindes Vertrauen: Die fünf Fallgruben des Vertrauens

Dena, eine attraktive Frau mit sonnengebleichten blonden Haaren, hatte noch nie einen Menschen wie Kevin getroffen. Sie war sechsundzwanzig Jahre alt und gerade von einer kleinen Stadt in Nordkalifornien nach Los Angeles gezogen, um dort eine Stelle als Erzieherin in einem Kinderhort anzutreten. Bei einer Party lernte sie Kevin kennen, den gutaussehenden und erfolgreichen Besitzer eines Restaurants mit Nightclub, der in der Stadt als besonders „in" galt. Kevin war zehn Jahre älter als sie. Sofort war er liebenswürdig und schien aufmerksam zu sein. „Ich hatte gerade eine fünfjährige Beziehung zu einem Mann beendet, der zwar seine Liebe zu mir beteuerte, mich aber immer wieder hinhielt und nicht heiraten wollte", erinnert sich Dena.

„Kevin rief oft an, um sich mit mir zu verabreden, und er gab sich viel Mühe, meine Freunde zu beeindrucken. „Ich dachte, ihm läge etwas an mir, und ich fühlte mich von seiner Aufmerksamkeit geschmeichelt", sagte Dena. Sie fügte hinzu, daß es eine sehr leidenschaftliche Beziehung war. „Der Sex war phantastisch. Das war mir wirklich wichtig, weil mir das in meiner vorherigen Beziehung gefehlt hatte. Ich fühlte mich dadurch so gut. Der Sex war etwas, was mir gefehlt und wonach ich gesucht hatte. Auch konnte ich Kevin vieles anvertrauen. Ich erzählte ihm Dinge, über die ich noch nie mit jemand gesprochen hatte. Weil er immer zuhörte, dachte ich, es interessiere ihn wirklich." Kevin sei sehr aufmerksam gewesen. Er erkundigte sich danach, was sie erlebt hatte, nach ihren Freunden und ihrer Familie. „Er überprüfte sogar morgens meinen Kühlschrank, um zu sehen, ob mir Milch oder Saft fehlte – und dann ging er los und besorgte es für mich."

Denas Freunde sagten immer wieder zu ihr, was für ein Glück sie hätte, und Dena bemühte sich sehr, dies zu glauben. Trotzdem konnte sie das Gefühl nicht loswerden, daß etwas nicht stimmte. Kevins Geschichten hatten oft Lücken. Was sie damals nicht wußte und auch erst drei Monate später herausfand, war, daß Kevin eine Freundin hatte – und ein sechs Monate altes Kind –, mit denen er zusammenlebte.

„Als ich die Wahrheit herausfand – seine ‚Frau' stellte mich eines Abends in seinem Club zur Rede –, war ich schockiert. Ich fühlte mich so benutzt", erinnert sich Dena: „Er hatte versprochen, mir einen Verlobungsring zu kaufen! Ich konnte nicht fassen, daß er mich belogen hatte, wo ich doch so offen und ehrlich zu ihm gewesen war. Was ist mit mir nicht in Ordnung? Ich bin doch nicht dumm – wie konnte ich nur so verrückt sein?"

Dena ist Opfer ihres blinden Vertrauens – und damit steht sie nicht alleine da. Viele Menschen sind in einem Netz von Falschinformationen, Halbwahrheiten und Lügen gefangen. Sie reagieren erschreckend naiv, wenn es darum geht, sich vor Rivalen, vor Ausnutzern, Verrätern, vor Schwindelkünstlern und Betrügern zu schützen, die ihr Vertrauen enttäuschen und ihre Zuversicht erschüttern.

Vertrauen wird blind, wenn in einer Beziehung ein Partner ein so starkes Bedürfnis danach entwickelt, daß er mehrfach offensichtlich Hinweise auf eine Täuschung übersieht. Das ist das Wesen blindes Vertrauens: Wir sehen nur ein Teil des Gesamtbildes, wir sehen Teile der Wirklichkeit, fügen sie aber nie zusammen – oder wenn wir es tun, benutzen wir unsere Erkenntnisse nicht, um unser Verhalten und unsere Gefühle darauf einzustellen. Der Freund, mit dem wir seit zwei Jahren zusammen sind, flirtet wiederholt mit unserer besten Freundin; eine Kollegin enthält uns grundlegende Informationen vor, die wir für die Fertigstellung eines Projektes brauchen etc. Statt solche Verhaltensweisen richtig zu interpretieren, arrangieren wir uns mit der Unwahrheit. Wir finden Erklärungen, verniedlichen oder verleugnen betrügerisches Verhalten, eben weil wir unbedingt vertrauen wollen.

Blindes Vertrauen tritt häufig in Beziehungen zu den Menschen auf, auf die man angewiesen ist. Automatisch denken wir an den Ehemann, der „immer Überstunden macht, aber auf keinen Fall eine Affäre hat", aber es kann auch unsere Beziehung zu Kindermädchen, Haushälterinnen, Sekretärinnen oder Friseuren beeinträchtigen – zu jedem, der uns oder unserer Familie privat sehr nahesteht. Wenn Menschen in großer Nähe zu uns arbeiten und Anteil an persönlichen Erlebnissen nehmen, dann verschwimmen die Rollen, und wir sehen sie vielleicht als Familienmitglieder an. Jeder von uns hat schon einmal die Redewendung gehört: „Nehmen Sie es nicht persönlich, es ist rein geschäftlich." Zwangsläufig ist es für viele Leute aber doch etwas Persönliches. Der geschäftliche Aspekt einer Beziehung wird oft von Freundschaftsbanden überlagert. Die Mißverständnisse, die unweigerlich auftreten, bilden einen erstklassigen Nährboden für unerfüllte Erwartungen und Enttäuschungen.

Wie Dena meinen viele Leute, daß sie beide Augen

offen halten, aber trotzdem gelingt es ihnen nicht, die Warnsignale für unaufrichtiges Verhalten rechtzeitig zu erkennen, um sich vor einem möglichen Vertrauensbruch zu schützen. Wenn man über das Offensichtliche hinwegsieht, das Gefühl im Bauch ignoriert und wichtige Hinweise übersieht, wird man schnell Opfer blinden Vertrauens. Man sieht nur, was der Verräter einen sehen lassen will – und das ist trügerisch.

Im nachhinein ist man natürlich oft viel klüger. Dena erkennt nun, daß Kevin offensichtlich nicht vertrauenswürdig war und wie sie das ignoriert hatte. Sein Funkrufempfänger hatte zu allen möglichen Tages- und Nachtzeiten gepiepst ... er hatte ihr nie die Telefonnummer seiner Wohnung gegeben ... er hatte sie entgegen allen Versprechungen nicht seiner Mutter vorgestellt ... er hatte vor zahllosen Feiertagen und besonderen Anlässen fest versprochen, den ganzen Tag mit ihr gemeinsam zu verbringen und war dann erst spät am Abend erschienen ...

„Kevin hatte für alles einen plausiblen Grund", sagte Dan: „Sogar, nachdem ich von der anderen Frau erfahren hatte, erzählte er mir immer wieder, daß sie ihm nichts bedeute und daß ich der wichtigste Mensch in seinem Leben sei. Acht Monate lang habe ich darauf vertraut. Ich liebte ihn. Ich wollte ihm glauben, also habe ich ihm geglaubt."

Welche Kräfte blockieren unsere Urteilsfähigkeit? Ich habe im ersten Kapitel darauf hingewiesen, daß einige Anhaltspunkte in der Ursprungsfamilie zu suchen sind. Dena erinnert sich zum Beispiel sehr gut an die lange, geschäftlich bedingte Abwesenheit ihres dominierenden und kritischen Vaters und an seine Versprechungen, mehr Zeit mit ihr zu verbringen. Sie erinnert sich auch daran, daß er diese Versprechen immer wieder brach. Erst viel später erkannte sie, daß sie in Kevin einen Vaterersatz gesucht hatte. Sie erinnert sich auch an ihre Mutter, die in ihrer Ehe unglücklich, aber zu passiv war, um ihrem bestimmenden Ehemann die Meinung zu sagen.

„Ich habe mir geschworen, nie so zu werden, wie meine Mutter", fügte Dena hinzu. „Ich würde mich nie von einem Mann behandeln lassen wie sie oder mich so einfach mit Situationen abfinden." Trotzdem verfiel Dena, wie andere auch, in genau das Verhaltensmuster, das sie hatte vermeiden wollen. Obwohl sie bewußt anders hatte sein wollen als ihre Mutter, identifizierte sie sich unbewußt mit deren Verhaltensmustern und wiederholte diese in ihrer Beziehung zu Kevin. Bei dem Versuch, sich von alten schmerzhaften Gefühlen wie Enttäuschung und Verlassenheit zu lösen und die vermißte Liebe und Aufmerksamkeit zu bekommen, wiederholen Menschen oft die Verhaltensmuster aus ihrer Vergangenheit. Den guten Vorsätzen zum Trotz wiegen frühe unbewußte Identifizierungen und die in der Kindheit erlernten Verhaltensweisen so stark, daß sie nur schwer vermieden oder überwunden werden können.

Es gibt einen anderen offensichtlichen Grund für blindes Vertrauen: Man ist einfach nicht in der Lage zu erkennen, wann jemand nicht die Wahrheit sagt. Oft nimmt man an, man könne jemandem vertrauen, weil er vertrauenswürdig aussieht und so klingt. Diese Menschen stützen ihr Vertrauen mehr auf ihre persönliche Wahrnehmung als auf die Realität. Zum Teil hat das seinen Ursprung darin, daß wir bei Menschen, die wir bewundern wollen, vom äußeren Anschein ausgehen. So sind wir zum Beispiel entsetzt, wenn bekannte und idealisierte Sportler oder Berühmtheiten aus Film und Fernsehen diesem Bild nicht gerecht werden. Irgendwie fühlen wir uns von ihnen betrogen, weil sie nicht aussehen wie jemand, der tut, was sie tun. Wir werden von ihrem Bild – auf der Leinwand oder auf dem Spielfeld – getäuscht.

Sogar im privaten Bereich verlassen wir uns auf äußerliche Merkmale – Gesichtsausdruck, Gesten, Veränderungen des Tonfalls –, und wir machen uns nicht bewußt, daß diese Merkmale oft kein genaues Urteil zulassen. Juristen wissen sehr wohl, daß es für die Beurteilung durch die Richter eine wesentliche Rolle spielt, welche Kleidung der Angeklagte trägt, wie seine physische Erscheinung ist – Rasse, Gewicht, sogar die Frisur – können den Unterschied zwischen Verurteilung und Freispruch ausmachen.

Olivia hielt sich für eine lebenskluge New Yorkerin. Dabei ließ sie sich sehr schnell von den äußeren Erscheinungsbildern in die Irre führen. „Mir kann man keinen Sand in die Augen streuen", dachte sie. Aber als sie mit einer Freundin in einem schicken Urlaubsort in Jamaika Ferien machte, lernten die beiden beim Abendessen einen gutaussehenden Mann kennen, der sie zu einer Spazierfahrt auf der Insel einlud. Dieser anscheinend so nette Mann belästigte sie den Rest des Abends so sehr, daß sie die Polizei rufen mußten. Warum ließ sich Olivia auf so eine Situation ein, wenn der gesunde Menschenverstand etwas anderes diktierte?

„Um ehrlich zu sein", sagte sie reumütig: „Er sah ganz seriös aus. Gut angezogen, mit hellbraunen Hosen und einem Pullover mit V-Ausschnitt, sah er aus wie der Geschäftsmann aus dem Mittelwesten[2], für den er sich ausgab."

---

2 Der Mittelwesten gilt in Amerika als besonders bürgerliche Gegend (Anm. d. Ü.).

Jemand, der verletzt, getäuscht oder verraten wurde, will natürlich nie wieder zum Narren gehalten werden, weder von der gleichen Person noch von anderen. Trotzdem tappen fast alle diese Menschen im dunkeln. Sie wissen nicht, wie sie überhaupt in diese Schwierigkeiten geraden sind, und sie wissen nicht, worauf sie achten müssen, um zu verhindern, daß ihnen so etwas noch einmal passiert. Sie verstehen oft nicht, daß Vertrauen ein Prozeß ist: Es braucht eine gewisse Zeit, Vertrauen aufzubauen, und es braucht auch Zeit, um Vertrauen zu zerstören. Nicht daß wir jedem, der in unser Leben tritt, mißtrauisch begegnen sollten. Aber echtes Vertrauen muß sich mit der Zeit entwickeln und beruht auf den verläßlichen Reaktionen und Verhaltensweisen eines Menschen. Es gibt kein Vertrauen auf den ersten Blick.

Blindes Vertrauen beruht im Kern darauf, daß Vertrauen sowohl unsere Selbstachtung als auch das Gefühl von Recht und Ordnung in unserem Leben aufrechthält. Schließlich ist es auch eine Tugend, anderen vertrauen zu können. Wenn man vertraut, fühlt man sich gut und anständig. Hingegen scheint es kleinlich und oberflächlich, wenn man mißtrauisch und skeptisch ist. Dem anderen bedingungslos zu vertrauen, ist allerdings auch eine Methode, mit einer ganzen Reihe negativer Gefühle zurechtzukommen – einschließlich Wut, Enttäuschung, Angst, Unsicherheit und Schuldgefühlen –, die aufkommen, wenn wir mit dem verräterischen Verhalten eines anderen konfrontiert werden. Eine gewisse Blindheit erlaubt uns, das Offensichtliche und Schmerzhafte zu verleugnen: Unbewußt vermeiden wir, die Untreue des Ehepartners wahrzunehmen oder die Versuche einer Schwester, uns um unser Erbteil zu bringen. Wir tun das, um die Auseinandersetzung mit dem Verräter – und mit der Wahrheit – aufzuschieben. Wir schieben ein schwieriges Urteil auf, und ignorieren bestimmte Informationen, weil es uns stärker belastet, die Wahrheit aufzudecken, als eine Lüge zu glauben.

Es sind vor allem fünf Überzeugungen, die diese Menschen daran hindern, die Wirklichkeit zu sehen. In jeder dieser Überzeugungen liegt eine Spur von Wahrheit. Wenn Sie aber so sehr auf sie fixiert sind, daß Sie sonst nichts wahrnehmen, werden Sie die richtige Perspektive verlieren, immer wieder ins Stolpern geraten und von möglichen Betrügern leicht übertölpelt oder ausgenutzt werden. Womöglich halten Sie sogar Beziehungen aufrecht, die Ihre Seele und Ihren Körper gefährden, weil Sie keinen Ausweg daraus sehen, oder schlimmer noch, keinen Grund, sie zu beenden. Im Extremfall erweisen sich diese Überzeugungen als Fallgruben, die Sie in potentiell schädlichen Beziehungen gefangen halten. Vergleichen Sie die folgenden Annahmen mit Ihren eigenen Handlungsweisen; dann haben Sie schon den ersten Schritt getan, um sich aus unglücklichen und wenig vertrauenswürdigen Beziehungen zu befreien.

Die 1. Fehlannahme
Man sollte dem anderen noch eine Chance geben

Unser Bedürfnis nach Vertrauen ist sehr stark. Das liegt daran, daß Vertrauen ein Schutzschild gegen Verletzung und Einsamkeit ist, so daß wir uns weiterhin geschätzt, anständig und geliebt fühlen können. Wenn wir vertrauen, schieben wir Zweifel beiseite, erachten unsere Beziehungen als sicher und befriedigend, unsere Entscheidungen als vernünftig und unsere Zukunft als leuchtend. Manchmal täuschen wir uns aber auch.

Wenn Sie in eine solche Falle geraten sind, reden Sie

sich vermutlich ein: „Es ist nicht so, wie ich denke" oder „Ich übertreibe; es ist nicht besonders nett, jemandem Hintergedanken oder unlautere Motive zu unterstellen." Ihr Vertrauen ist auch dann blind, wenn Sie jemandem glauben, der sein Verhalten leugnet oder irgendwie entschuldigen will: „Das habe ich nicht gesagt ...", „So habe ich das nicht gemeint" ... „Es ist nicht so, wie du denkst." Sie werden mit Halbwahrheiten in die Irre geführt. Sie werden von den Realitäten weg auf eine – weniger heikle – Fährte geschickt.

So ging es auch Rochelle, die Handelsvertreterin für eine Import-Gesellschaft ist. „Was soll ich denn jetzt tun?" sagte sie mit klagender Stimme, als sie in meine Praxis kam. Seit drei Monaten hatte sie Roy nicht mehr gesehen, einen Mann, den sie auf der Party einer Freundin kennengelernt hatte. „An diesem Abend haben wir uns so gut verstanden, und ich habe mich Hals über Kopf in ihn verliebt", erzählte Rochelle. „Er hat alles, was ich mir bei einem Mann wünsche, und wir haben zwei wundervolle Wochenenden miteinander verbracht. Ich würde es ja dabei bewenden lassen, wenn er mir nicht deutlich zu erkennen gäbe, daß er mich wiedersehen will."

Roy rief Rochelle jeden Abend an, und sie telefonierten mindestens eine halbe Stunde lang. Er verabredete sich mit ihr für das Wochenende; aber ständig sagte er in letzter Minute ab, trug mit überschwenglichem Ton Entschuldigungen vor und beteuerte seine Liebe. Rochelle konnte nicht aufhören, an ihn zu denken und brachte es nicht fertig, die Beziehung zu beenden. Trotz gegenteiliger Anzeichen ging sie weiter davon aus, daß Roy gute Absichten hatte. Er gab ihr immer gerade genug, um sie sich warm zu halten. So ließ sie nicht von der Beziehung los, während er seine Optionen offen hielt.

Unausgesprochene Befürchtungen halten Menschen wie Rochelle in dieser emotionalen Fallgrube gefangen: „Was ist mit mir nicht in Ordnung? Warum bin ich so mißtrauisch?" Wenn Sie dem anderen aber immer und immer wieder eine Chance geben, weil Sie ein schlechtes Gewissen haben und meinen, daß Sie ihm glauben sollten, dann werden Sie schließlich an sich selbst zweifeln und Ihre Selbstachtung verlieren. Sie sollten das, was passiert ist, nicht immer als Mißverständnis abtun; es geht darum, sich den Situationen zu stellen, sie sorgfältig zu prüfen und die Unklarheiten aus dem Weg zu schaffen.

Die 2. Fehlannahme
Man sollte dem anderen die Gelegenheit geben, seine Vertrauenswürdigkeit zu beweisen

Als Mitglieder unserer Gesellschaft schätzen wir Ehrlichkeit und Integrität sehr hoch. Die meisten von uns wollen ehrlich sein, wollen wissen, daß andere uns vertrauen können und glauben, daß man ihnen trauen kann. Außerdem wollen wir großmütig genug sein, um jemandem zu verzeihen und ihm noch eine Chance geben, wenn er zugibt, unser Vertrauen gebrochen zu haben. Es läßt uns als gute Menschen erscheinen, und wir kommen uns automatisch besser vor.

Fran war es leid, sich eine Litanei von Entschuldigungen ihres Mannes anzuhören, weil er es nie schaffte, vor halb zehn Uhr abends – und oft noch später – nach Hause zu kommen oder daran zu denken, sie anzurufen und ihr zu sagen, wo er war. „Shawn arbeitet für eine sehr einflußreiche Immobiliengesellschaft in der Stadt", erklärte Fran: „Ich weiß, daß er unter immensem Druck steht, Abschlüsse zu tätigen und neue Aufträge anzubahnen – das Arbeitstempo liegt viel höher als bei seiner ersten Stelle. Aber bedeutet das zwangsläufig, daß er jeden Abend spät in schicken Restaurants essen gehen muß? Unter der Woche sehe ich ihn überhaupt nicht mehr, und die Hälfte der Zeit bin ich krank vor Sorge, daß er mit seinem Auto an einen Laternenpfahl gerast ist." Obwohl Shawn ihr versicherte, immer nur mit Geschäftsfreunden auszugehen, war er in den letzten paar Monaten immer distanzierter geworden. Sie fragte sich ernsthaft, ob er eine Affäre hatte. Obwohl sie sich dabei über sich selbst ärgerte, wurde sie mißtrauisch und fing an, die Aktentasche ihres Mannes und die Taschen seines Jacketts zu durchsuchen.

„Ich begann, ihn bei kleinen Lügen zu ertappen. Er sagte mir, daß er in einem bestimmten Restaurant noch nie gewesen war, aber ich fand eine Serviette oder die Quittung einer Kreditkarte, die bewiesen, daß er doch dort gewesen war." Jedesmal, wenn sie ihn darauf ansprach, ging Shawn in die Defensive, sagte, daß es ihm leid täte und daß er alles durcheinander gebracht hätte. Er gab ihr dann das feste Versprechen, anzurufen, wenn er sich beim nächsten Mal verspätete. „Bevor ich es überhaupt begriff, entschuldigte ich mich bei ihm", gab Fran zu. Als Fran eine schlimme Bronchitis hatte und Shawn wieder nicht anrief, sagte sie ihm, daß sie die Scheidung einreichen würde, wenn er nicht mit ihr zu einer Eheberatung ginge.

Vielleicht sind auch Sie in dieser zweiten Fallgrube gefangen, wenn sie ähnlich wie Fran immer wieder feststellen müssen, daß Sie sich am wenigsten auf eine Person verlassen können, wenn Sie sie am dringendsten brauchen. Sie beruhigen sich mit Sätzen wie: „Ich bin sicher, daß es nicht mehr vorkommen wird" oder „Er meint es gut; ich gebe ihm noch eine Chance." Dabei sind Sie schon so häufig im Stich gelassen worden.

Im Zentrum der Fallgrube Nr. 2 liegt folgender Zweifel: „Bin ich unversöhnlich und uneinsichtig, wenn ich dem anderen keine zweite Chance gebe? Stellen Sie statt dessen folgende Frage: „Entsprechen seine Worte seinem Verhalten?" Wenn Sie eine ausgewogene Beziehung suchen, können Sie sich nicht mit der verbalen Versicherung begnügen, daß es zu keinem weiteren Vertrauensbruch kommen wird. Manchen Leuten fällt es leicht sich zu entschuldigen – und weiter nichts zu tun. Sie wollten Taten sehen, die veränderten Verhaltensweisen, die die Vertrauenswürdigkeit des anderen unter Beweis stellen.

Die 3. Fehlannahme
Man muß die Menschen nehmen, wie sie sind

Die meisten von uns glauben, daß die Menschen im Grunde gut sind. Deswegen zeigen wir ein beträchtliches Maß an Ausdauer, wenn es darum geht, offensichtlich verletzendes Verhalten hinzunehmen. Wenn wir dann doch anfangen, es wahrzunehmen, haben wir paradoxerweise auch noch ein schlechtes Gewissen. Wir denken „Ich bin kleinlich"; „Ich mache aus einer Mücke einen Elefanten"; „Schließlich ist niemand vollkommen". Wir haben das Gefühl, zu anspruchsvoll zu sein und zu übertreiben: „Was ist bloß los mit mir? Warum kann ich nicht toleranter und verständnisvoller sein?" Womöglich nehmen wir die Schuld für das Verhalten des anderen auf uns und glauben, daß der andere sich so verhält, weil *wir* etwas falsch gemacht haben.

Maxines Mann Lenny zum Beispiel ist ein unverbesserlicher Charmeur. Immer, wenn sie zu einer Party gingen, verbrachte er den größten Teil des Abends damit, mit allen anderen Frauen zu scherzen und ihnen schöne Augen zu machen. Dabei übersieht er Maxine, die das Gefühl hatte, ignoriert zu werden und unwichtig zu sein. Als sie versuchte, mit ihm darüber zu reden, sagte er nur verächtlich: „Du machst dich lächerlich. Ich amüsiere mich nur. Sei doch ein bißchen lockerer."

Ihr erstes Kind sollte ein paar Monate später auf die Welt kommen, und Maxine versuchte sich einzureden, daß sie sich zuviel aus der ganzen Sache machte. „So sind Männer nun mal", fügte sie hinzu, „außerdem war ich im siebten Monat. Ich sah aus wie ein gestrandeter Wal und hatte nicht sehr viel Energie. Ich bin sicher, daß mein Aussehen und meine Haltung viel mit seinem Verhalten zu tun hatten. Wenn ich mich ändere, wird er sich auch ändern." Aber selbst als sie ihre Haare so schneiden ließ, wie er wollte, verhielt er sich ihr gegenüber nicht liebevoller. Was sie auch tat, es schien ihm nicht zu gefallen, selbst als sie sich lockerer verhielt.

Hier liegt das zentrale Problem. Obwohl es ein gutes Gefühl sein kann, das Beste aus jemand herauszuholen, und obwohl es den Eindruck vermitteln mag, daß man die Situation bis zu einem gewissen Grad im Griff hat, sieht die Wirklichkeit anders aus. Es ist ungesund, verletzendes Verhalten immer wieder zu verzeihen. Sie müssen Grenzen setzen und vom anderen fordern, daß er sich ändert. Maxine setzte Grenzen, als sie zu Lenny sagte: „Ich bin wirklich durcheinander. Wir müssen mit jemand darüber reden." In der sicheren Atmosphäre meiner Praxis teilte sie ihm mit, wie sie sich fühlte und was sie brauchte, um sich unterstützt und geliebt zu fühlen – mehr Aufmerksamkeit, mehr Umarmungen und weniger abwertende, wenn auch scherzhaft gemeinte Bemerkungen über ihr Aussehen. Gleichzeitig konnte Lenny aussprechen, wie sehr er sich davor fürchtete, Vater zu werden. Nachdem er seine Ängste offen mit Maxine besprochen hatte, brauchte er auch seinen Flirt „zum Abreagieren" nicht mehr.

Die 4. Fehlannahme
Weil ich vertrauenswürdig bin, wirst du es auch sein

Oft erwarten wir, daß die Leute genau so sind wie wir und sich an unser Wertsystem halten. Wenn wir uns anderen gegenüber integer benehmen, sie schützen und auf sie Rücksicht nehmen, erwarten wir, daß sie uns gegenüber das gleiche tun werden. Damit wollen wir unsere eigene Welt sicherer machen. Julie, eine Büroangestellte aus Minneapolis, erfuhr mit Schrecken, daß eine Bemerkung, die sie während des Mittagessens einer Kollegin gegenüber gemacht hatte, den Weg zu ihrem Vorgesetzten gefunden hatte, der sie anschließend von einem wichtigen Projekt ausschloß. Julie war fassungslos. „Ich würde unserem Chef *nie* etwas erzählen, was eine Kollein mir im Vertrauen erzählt hat. Ich dachte, wir wären Freundinnen – ich kann einfach nicht glauben, daß sie so etwas getan hat!"

Wie Julie können Sie in eine solche „Falle" geraten, wenn Sie Zeichen dafür, daß ein Kollege um Ihre Position kämpft, nicht beachtet haben; oder daß ein scheinbar fürsorglicher und einfühlsamer Liebhaber nicht die geringste Absicht hat, sich lebenslang festzulegen. Man darf nie davon ausgehen, daß man wirklich das Vertrauen eines anderen besitzt. Außerdem kann das, was für den einen wie ein Vertrauensbruch aussieht, für den anderen völlig akzeptabel sein. Wenn Sie sich vor manipulativem Verhalten schützen wollen, dann lassen Sie Ihren Schutzschild nur sinken, wenn Sie echte Zeichen für vertrauenswürdiges Verhalten erkennen; wenn Sie feststellen, daß Versprechen gehalten und Ihre Geheimnisse gewahrt bleiben.

Die 5. Fehlannahme
Wenn man sich Einzelheiten aus der Privatsphäre erzählt, kann man einander vertrauen

Wenn Menschen ihre geheimsten Gedanken und Gefühle austauschen, meinen sie, daß solche Enthüllungen eine Beziehung verläßlich machen. Wenn sie ihre wunden Punkte, Schwächen, beschämende oder peinliche Erfahrungen aus der Vergangenheit bloßlegen, haben sie das Gefühl, natürlich und echt zu sein. Man hört es oft: „Ich weiß, daß ich ihm vertrauen kann, weil ich bei ihm so sein kann, wie ich bin."

Ivy war seit eineinhalb Jahren mit Nick zusammen, als sie ihn mit einer anderen Frau im Bett fand. „Ich kann es nicht fassen, daß er mir das angetan hat", sagte sie unter Tränen, als sie zu mir kam. Ivy hatte von Nicks Ruf als Frauenheld schon gehört, bevor sie eine Beziehung eingingen. „Ich dachte, er hätte sich geändert; es schien wirklich, als wollte er zur Ruhe kommen. Wir waren uns so nahe, und ich glaubte ihn so gut zu kennen." Sie berichtete, daß Nick ihr von seiner alkoholsüchtigen Mutter erzählt hatte, wie einsam er als Jugendlicher gewesen war und daß er niemals wußte, ob seine Mutter nüchtern oder betrunken sein würde, wenn er aus der Schule kam. „Er hatte Tränen in den Augen, als er mir das erzählte. Ich schmolz einfach dahin. Er war ein so harter Mann, von außen wirkte er wie ein Macho. Und nun enthüllte er so unglaublich private Geschichten. Er sagte mir sogar, daß ich die erste sei, bei der er wirklich er selbst sein konnte. Die Tatsache, daß ich wie keine Frau zuvor durch diese rauhe Schale dringen konnte, gab mir das Gefühl, daß unsere Beziehung einzigartig war. Wie sollte ich einem Mann nicht vertrauen, der so offen und ehrlich war?"

Genau hier liegt der Fehler. Wie Ivy sind Sie Opfer dieser Fallgrube geworden, wenn Sie glauben, daß Selbstoffenbarung eine Grundlage für Vertrauen schafft. Menschen teilen persönliche Einzelheiten und Informationen aus vielen verschiedenen Gründen mit: um Nähe zu fördern oder sogar um das Verhalten eines anderen zu manipulieren.

Der Austausch von Vertraulichkeiten allein reicht nicht. Nicht das, was man zu jemand sagt, sondern wie jemand mit dem Erzählten umgeht, kennzeichnet den Unterschied zwischen einer vertrauensvollen und einer potentiell enttäuschenden Beziehung. Stellen Sie die richtigen Fragen: Beruht die Mitteilsamkeit auf Gegenseitigkeit? Verdient sein Verhalten mein Vertrauen?

3. Kapitel Warum Menschen Vertrauen brechen

Was sind das für Menschen, die Vertrauen enttäuschen und eine ihnen teure Beziehung durch Täuschung und Lügen gefährden? Warum handeln sie auf eine Weise, die anscheinend nicht zu erklären ist? Wie können sie mit sich selbst leben – und wichtiger noch, wie können Sie weiterhin mit ihnen leben? Bevor ich diese Fragen beantworten kann, müssen wir zunächst klären, was unter einem Vertrauensbruch zu verstehen ist.

Unter dem Stichwort „Vertrauensbruch" steht im Wörterbuch, jemanden in die Irre zu führen; jemanden in Notzeiten im Stich zu lassen oder zu verlassen; unabsichtlich etwas preiszugeben; eine vertrauliche Mitteilung zu verraten. Die am weitesten verbreitete Form des Vertrauensbruches ist die Lüge. Das ist auch wieder ein Begriff, der für verschiedene Menschen unterschiedliche Bedeutungen hat. Sissela Bok, Ethikprofessorin an der Brandeis-Universität und Autorin eines Buches über die Lüge schreibt ... sie ist ... „eine Mitteilung, mit der jemand absichtlich täuschen will". Paul Ekman, Psychiater an der University of California, Los Angeles, und Autor von „Warum Lügen kurze Beine haben" stellt fest, daß die wissentliche Lüge nur einen geringen Teil des Lügens ausmacht. Er fügt hinzu, daß es Lügen durch Auslassen, Lügen durch Verdecken und Halbwahrheiten gibt – Lügen seien auch nicht auf Worte oder irreführende Aussagen beschränkt. Menschen können auch durch ihr Verhalten lügen – ihre Handlungen, Gesten und Pausen, die stillschweigend eine Lüge unterstützen. Falsche Informationen können als wahr dargestellt werden oder Gefühl zwar eingeräumt oder falsch begründet werden.

Paradoxerweise lügt jeder von uns, obwohl wir alle auf Aufrichtigkeit bestehen und Ehrlichkeit loben. Schon ein flüchtiger Blick in die Tageszeitung beweist, daß unsere Gesellschaft Doppelspiel und Täuschung als Teil unseres sozialen Gefüges akzeptiert und sogar erwartet. Schließlich verhalten sich Politiker und Sportstars so, leitende Angestellte von bekannten Werbeagenturen, Stars von Bühne und Leinwand, Leiter großer Firmen und Banken, Journalisten auf der Suche nach Schlagzeilen und sogar Wissenschaftler in renommierten Forschungseinrichtungen.

Auf unserem Weg ins nächste Jahrtausend gewinnen wir zunehmend den Eindruck, daß die Menschen um des Erfolges willen die Ehrlichkeit zum Teufel scheren. Ob es nun eine Lüge in großem Stil ist oder kleinlicher Klatsch, der am Arbeitsplatz oder auf dem Spielplatz in der Nachbarschaft verbreitet wird: Lüge, Verrat und mangelndes Vertrauen sind Teil unserer westlichen Lebensart geworden – genau wie Wahrheit und Gerechtigkeit. Tatsächlich gibt es so viele verschiedene Lügen, wie es Lügner gibt.

Da gibt es die kleine Notlüge – die gut gemeinte Nettigkeit, die wir sagen, um die Gefühle des anderen zu schonen. „Du siehst großartig aus", sagen wir zu einer Freundin, die in Wahrheit ziemlich viel zugenommen hat, seitdem wir sie das letzte Mal getroffen haben. „Es hat sehr gut geschmeckt, aber ich bin zu satt für einen Nachschlag", sagen wir mit gequälter Begeisterung zu dem Verwandten, dessen kulinarische Kreationen wir kaum herunterbringen können. Das Leben wäre in der Tat unerträglich, wenn wir niemals lügen würden. Wenn wir die Dame am Empfang fragen: „Wie geht es Ihnen?" dann wollen wir keine Litanei von Klagen über ihren Mann, ihre Kinder, ihre Schwiegermutter und die kranke Katze hören, die sich am Vorabend auf dem Bett übergeben hat. Wir erwarten ein kurzes: „Danke, gut."

Manchmal lügt man, um eine Auseinandersetzung und kleinliche Streitereien zu vermeiden oder um sich lästigen gesellschaftlichen Ereignissen zu entziehen: „Es tut mir so leid, daß ich zu der Einladung am Samstag nicht kommen kann, aber wir haben schon seit langem eine Verabredung mit dem Geschäftspartner meines Mannes." Menschen lügen auch, um anzugeben, ihr Prestige zu erhöhen und sich wichtig zu fühlen: „In der Schule war ich Cheerleader[3] und stellvertretende Vorsitzende der Schülervertretung."

Es gibt ein weiteres Motiv für Lüge und Verrat, das ebenfalls in eine Sackgasse führt. Viele Menschen fühlen sich zum Lügen gezwungen, um sich vor Ärger, Enttäuschung, Eifersucht und potentieller Kontrolle zu schützen. Sie wollen nicht, daß Menschen aus ihrem Umfeld etwas über sie erfahren, was ihnen nicht gefallen kann oder was sie mißbilligen könnten.

Jody und Glenn erinnern sich zum Beispiel lebhaft an den Schmerz und die Sehnsucht, unter denen sie als Kinder jeweils nach der Scheidung ihrer Eltern gelitten haben. Deshalb wollte Jody ihrem frischgebackenen Ehemann gegenüber unbedingt so ehrlich und offen sein wie irgend möglich. „Die Ehe meiner Eltern zerbrach auch, weil meine Mutter eine Reihe von Affären hatte –

---

3 In den USA eine hohe Ehre, die unter anderem sehr gute Schulnoten voraussetzt (Anm. d. Ü.)

meistens mit verheirateten Männern –, und ich habe mir geschworen, nie so zu werden wie sie", erklärte Jody, als sie und Glenn zum ersten Mal zur Beratung kamen. „Deshalb schüttete ich Glenn gleich mein Herz aus. Ich erzählte ihm von meinem vorausgegangenen Verhältnis mit einem verheirateten Mann, daß ich es beendet hatte, als ich merkte, wie zerstörerisch so eine Beziehung sein kann."

Aber Jodys Enthüllungen erwiesen sich als Bumerang. Je näher sich Glenn und Jody kennenlernten, desto mehr machte sich Glenn wegen Jodys Vergangenheit Gedanken. Er wurde immer argwöhnischer und überlegte sich, was dies für ihre gemeinsame Zukunft bedeuten könnte. „Er verhörte mich regelrecht über meine früheren Freunde und meine Vergangenheit im allgemeinen. Ich fühle mich als Person in Frage gestellt. Immer wieder kam der Satz: „Wie kann ich wissen, daß du nicht das gleiche tun wirst wie deine Mutter?"

Trotz ihrer Beteuerungen konnte nichts, was Jody sagte oder tat, Glenn von der Überzeugung abbringen, daß sie ihn betrügen würde. „Ich war von den feindseligen Fragen, die auf mich niederprasselten, richtig zermürbt. Und bevor ich merkte, was ich tat, stellte ich fest, daß ich log, daß ich ihm wirklich Dinge erzählte, die nicht stimmten, weil ich diese Inquisition nicht mehr aushalten konnte." Mit der Zeit verfing sich Jody in dem Lügennetz, das sie gesponnen hatte, um sich vor Glenns Eifersucht zu schützen. „Ich konnte mich nicht an jede Kleinigkeit erinnern, die ich ihm erzählt hatte. Deshalb ertappte er mich ab und zu bei einer kleinen Lüge. Dann ging er in die Luft und schimpfte mit mir, und es dauerte nicht lange, bis er mich wieder angriff: ‚Wie kann ich dir je vertrauen, wenn du lügst?' Dabei ist er derjenige, der mich zum Lügen bringt."

Als sie schließlich zu mir kamen, war Glenn überzeugt, Jody niemals vertrauen zu können. Es dauerte lange, bis er erkannte, daß er genau das Verhalten, das er am meisten fürchtete, durch sein Mißtrauen und seine Kontrollsucht förderte. Seine zwanghafte Eifersucht wegen Jodys vermeintlichem Vertrauensbruch wurde zu einer sich selbst erfüllenden Prophezeiung und trieb sie von ihm fort. In der Beratung erkannte Glenn, daß Jody ihm gegenüber offen und ehrlich war. Deswegen konnte er mit der Zeit das Fundament schaffen, das er brauchte, um ihr zu vertrauen.

Jay, ein Versicherungsvertreter, befand sich in einem ähnlichen Dilemma. Jay hatte zwei Monate lang eine Affäre mit Andrea gehabt, die er im Büro kennengelernt hatte, hatte die Affäre aber vor sechs Monaten beendet. Nun kamen seine Frau und er zur Beratung. Ihre Ehe schien wieder im Gleis zu sein, bis auf Helenes ständige Wachsamkeit und ihre Angst, daß er wieder untreu werden könnte. Im letzten Monat war Jay nach der Arbeit seinen Vater besuchen gegangen und hatte im Bus seine frühere Geliebte getroffen. Sie hatten sich nett und harmlos unterhalten – aber Jay wurde von Schuldgefühlen gequält.

„Ein Teil von mir will meiner Frau erzählen, daß ich zufällig Andrea getroffen habe; ich hätte sonst das Gefühl zu lügen. Aber wir kommen jetzt so gut zurecht, daß ich nichts verderben will." Helene wäre so eifersüchtig und mißtrauisch, daß Jay befürchtete, die bloße Erwähnung des Namens der anderen Frau werde Wunden wieder aufreißen, um deren Heilung er sich so sehr bemühte. „Es klingt zwar schrecklich, aber es ist einfacher zu lügen", sagte er. „Ich bin darüber nicht glücklich, aber ich weiß nicht, was ich sonst tun soll."

Wenn ich Menschen wie Jay behandle, weise ich sie

auf alternative Verhaltensweisen hin. Oft können sie diese nicht klar erkennen oder nicht die richtigen Prioritäten setzen. So sagte ich Jay, daß er immer das Gefühl haben würde, etwas Falsches zu tun, wenn er weiterhin etwas verschwieg. „Sie müssen lernen, Helen bei kleinen wie bei vielen großen Fragen einzubeziehen. So können Sie anfangen, Helen dabei helfen, das Geschehen in der richtigen Perspektive zu sehen." Oft kommt man sehr weit damit, ehrlich zu sein und dem anderen Verständnis zuzutrauen. Man heilt nämlich die Wunden, die man dessen Selbstwertgefühl zugefügt hat.

Wenn gegensätzliche Bedürfnisse aufeinanderprallen

Man fängt schon früh damit an, die Wahrheit zu verbiegen. Wir bitten unsere Kinder: „Sag Oma, daß ich unter der Dusche bin", wenn die Schwiegermutter am Telefon ist und wir nicht mit ihr sprechen wollen. Kinder sehen immer wieder, wie ihre Eltern lügen. Wenn die Eltern nicht zu einem Essen mit der Verwandtschaft gehen wollen, hat Mami auf einmal eine Erkältung.

Solche anscheinend unbedeutenden Notlügen, mit denen wir Konflikte und Komplikationen vermeiden wollen, werden zur Gewohnheit, ohne daß wir das merken. Letztendlich fördert so ein Verhalten jedoch die eher zynische Auffassung, daß es akzeptabel sei, um eines kurzfristigen Gewinns oder eines persönlichen Vorteils willen jemand anders zu manipulieren oder zu kontrollieren. Das Ergebnis ist ein Vertrauensbruch. Die Bindungen und die persönlichen Beziehungen, die unserem Umfeld und unserer ganzen Gesellschaft Stärke geben, lösen sich auf.

Wir neigen zwar dazu, Vertrauensbrecher automatisch als böswillig einzustufen. Aber sie selbst sehen die Situation vielleicht oft aus einer ganz anderen Perspektive, die ihr Verhalten erklärt. Das sehen wir an der folgenden Geschichte:

Meredith ist Direktorin der firmeneigenen Entwicklungsabteilung einer renommierten Bank. Beverly hat inzwischen in einer anderen Firma eine ähnliche Stelle inne. Sie waren gute Freundinnen, als sie gerade mit dem Studium fertig waren und Kolleginnen wurden. Über zehn Jahre hinweg stiegen beide die Karriereleiter in der Firma hinauf und blieben trotz ihrer beruflichen Konkurrenz sehr gut befreundet. Aber als Meredith mit ihrem ersten Kind in Mutterschaftsurlaub war, wurde die Frauenfreundschaft auf die Probe gestellte – und konnte diese schließlich nicht bestehen.

Meredith war seit sechs Wochen im Mutterschaftsurlaub, als sie einen Anruf von Harriet, ihrer Vorgesetzten, bekam. Diese erzählte ihr, sie überlege sich, Beverly eine Stelle im Management-Stab anzubieten. „Sie äußerte sich aber nur vage und wollte mir nicht sagen, für welche Stelle", erinnert sich Meredith, „und sie fragte mich, wie ich darüber dächte. Irgendwie schaltete ich auf Panik. Aus Schlafmangel und mit einem von Koliken geplagten Säugling beschäftigt, war ich halb hysterisch und hatte den Eindruck, daß meine Hormone verrückt spielten. Ich war nicht in der Verfassung, in Ruhe nachzudenken. Ich murmelte irgend etwas und hängte auf, brütete aber noch tagelang darüber nach."

Meredith geriet noch stärker aus der Fassung, als Beverly eine Woche später anrief, um von dem „fantastischen" Mittagessen mit Harriet zu berichten, und ihr zu sagen, wie sie sich darauf freue, wieder mit Meredith zusammenarbeiten zu können. Harriet hatte Meredith in weiteren Telefongesprächen versichert, daß sie nichts zu befürchten hätte – sie hatte sogar angedeutet, daß bald eine große Beförderung auf sie zu käme – trotzdem wuchsen Merediths Befürchtungen und die Unsicherheit darüber, wie sie sich verhalten sollte.

„Ich wußte, daß Beverly mit ihrer damaligen Stelle unzufrieden war, und ich wollte eine liebevolle Freundin sein und sie unterstützen. Aber ich war in einem furchtbaren Zwiespalt und überhaupt nicht sicher, ob ich in der gleichen Firma arbeiten wollte wie meine beste Freundin", sagte Meredith ganz ehrlich. „Wir hatten jetzt höhere Positionen, und es war eine ganz andere Situation als damals, als wir nur kleine Angestellte waren, die gerade erst anfingen. Ich erzählte Beverly von meinen Befürchtungen bezüglich unserer Freundschaft.

Beverly war völlig verblüfft und konnte Merediths Gesichtspunkt nicht verstehen. Wochen vergingen und Harriet hatte über die Einstellung noch immer nicht entschieden. Die Spannung zwischen den beiden Frauen stieg. Zum Schluß wurde Meredith befördert und Harriet entschied, Beverly doch nicht einzustellen. Aber die Freundschaft zwischen Meredith und Harriet hatte einen bleibenden Schaden erlitten.

Heute, zweieinhalb Jahre später, leidet Beverly immer noch an dem Schmerz und der Wut über das, was in ihren Augen der offensichtliche Versuch einer vertrauten Freundin war, ihre Karriere und ihr Glück zu sabotieren. „Vor kurzem hat sie einer meiner Kolleginnen erzählt, daß sie nie verstehen wird, warum oder wie ich sie so hintergehen konnte", berichtet Meredith traurig, „und häufig frage ich mich wirklich, ob ich nicht genau das getan habe. Wenn ich nicht so unsicher gewesen und nicht so verzweifelt versucht hätte, mein Terrain zu verteidigen, wäre ich dann nicht großzügiger gewesen?"

Meredith kämpft mit widerstreitenden Gefühlen.

„Eigentlich hätte ich mich erleichtert fühlen und freuen müssen, weil sich meine schlimmsten Befürchtungen nicht bewahrheitet haben", seufzt Meredith, „aber ich habe nicht so empfunden, überhaupt nicht. Ich hatte eine Freundin verloren, die mir sehr viel bedeutet hat. Ich fühlte mich lausig – und ich hatte ein schlechtes Gewissen. Beverly meint, daß ich ihr in den Rücken gefallen bin, daß ich irgendwie an der Entscheidung meiner Vorgesetzten beteiligt war, sogar, daß ich die ganze Geschichte benutzt habe, um die Hebel für meine eigene Beförderung in Bewegung zu setzen. Aber das ist weder, was ich wollte, noch was ich getan habe. Ich hätte nie erwartet, daß so etwas passieren würde. Aber natürlich werde ich sie nicht davon überzeugen können."

Diese Erfahrung hat sie auch in anderer Beziehung verändert: „Ich habe eine sehr gute Freundin verloren, und ich werde diese Lücke in meinem Leben immer verspüren. Aber ich werde nie wieder zulassen, daß aus beruflichen Freundschaften persönliche werden", schwört sie. „Das Konfliktpotential ist sonst einfach immer da. Ich passe jetzt besser auf. Ich bleibe mehr in der Reserve und äußere bei bestimmten Leuten kaum Gefühle und Gedanken. Ich will nicht so sein, aber habe ich eine andere Wahl?"

Dieses Dilemma ist typisch für die Verwirrung und die Mißverständnisse, die häufig mit einem Vertrauensbruch zusammenhängen. Sie denken, daß jemand gegen Sie handelt, während er einfach nur für sich selbst handelt, ohne irgendeinen Gedanken an Sie zu verschwenden. Ein bestimmtes Verhalten scheint dem einen offensichtlich und absichtlich verletzend, während der andere die Sache ganz anders sieht. Der eine mag eine Mitteilung für notwendig halten, glaubt, auf gesunde Art seinem Ärger freien Lauf zu lassen oder aber berechtigterweise sein Eigentum zu schützen, während der andere das für unangemessen, gemein, feindselig oder sogar verletzend hält. Meredith hätte ihrer Freundin einen Brief schreiben und ihr erklären sollen, wie hoch sie die Freundschaft schätze, und warum von Verrat nicht die Rede sein konnte. Sie hätte die Wahrheit sagen sollen, daß sie nämlich in ihren eigenen Bedürfnissen gefangen war und es ihr leid täte, die Freundin dadurch zu verletzten.

Wahrheit und Ehrlichkeit sind sehr relative Begriffe, was das Thema Vertrauensbruch noch komplizierter macht. Obwohl unsere Gesellschaft das lieber anders sieht, unterscheiden Menschen sich doch deutlich in ihrer Fähigkeit, Täuschungen zu akzeptieren sowie in ihrer Sicht vom ehrlichen und moralischen Benehmen. Jemand mag sich auf keine Notlügen einlassen, um Peinlichkeiten zu vermeiden. Und er denkt sich nichts dabei, Kugelschreiber und Bleistifte für seine Kinder aus dem Büro mitzunehmen oder gelegentlich ein privates Telefonat vom Büro aus zu führen. Er nimmt vielleicht an, daß alle anderen das gleiche tun. Andere wieder wären entsetzt von solchen Taten. Es sind diese Menschen mit sehr strengen Vorstellungen von Rechtschaffenheit und Gerechtigkeit, die auch überzeugt sind, daß Lügner immer wieder lügen werden. Jemand anders ist toleranter, fähig, den Täuschenden zu entschuldigen oder sich sogar in ihn hineinzuversetzen. Er kann eine Enttäuschung oder einen Vertrauensbruch viel leichter an sich abprallen lassen.

Woher diese Diskrepanz? Ebenso wie unsere Fähigkeit zu vertrauen, wird auch unsere Einstellung gegenüber einem Vertrauensbruch schon früh geprägt. Wenn unsere Eltern sich nicht ehrlich verhielten, wenn ihre Worte und Taten nicht übereinstimmten, wenn wir wußten, daß sie sich auf außereheliche Affären einließen, oder wenn sie Offensichtliches bestritten, dann haben wir uns vielleicht schon als Kinder daran gewöhnt, Unehrlichkeit zu tolerieren. Wenn wir im großen und ganzen jedoch eine liebevolle und fürsorgliche Familie erlebt haben, deren Mitglieder sich gegenseitig unterstützten, erwarten wir nicht nur, daß andere für uns da sind, sondern wir werden sehr wahrscheinlich auch den Umgang von Menschen suchen, die verläßlich, zuverlässig und vertrauenswürdig sind.

Warum Menschen Vertrauen brechen

Es gibt oft sehr eindeutige Gründe dafür, daß Menschen uns im Stich lassen. Oft ist der Verrat motiviert durch Gier, Rache, Furcht vor der Wut eines anderen oder für Angst vor einem persönlichen Verlust. Bei einem Vertrauensbruch kann es sich um den Versuch handeln, von einer Situation zu profitieren, jemandem etwas heimzuzahlen oder sich vor jemand zu schützen.

Ein Vertrauensbruch kann auch durch das Bedürfnis motiviert sein, Vorwürfen und Mißbilligung auszuweichen oder einen Fehler zu vertuschen. Man findet das oft bei der passiv-aggressiven Art der Lüge oder Halbwahrheit. „Also gut, du hast recht. Ich hätte dir sagen sollen, daß ich nicht dazu gekommen bin, den Flug zu buchen", schnauzte Annies Mann Russell, „aber ich wußte ja, daß du kein Verständnis dafür haben, wütend sein und mich anschreien würdest."

Die meisten Vertrauensbrüche sind jedoch entschieden subtiler – und genau deswegen geraten Menschen, die gerne ihr Vertrauen schenken, so schnell ins Stolpern. Wann überschreitet ein Mißverständnis, eine Unaufmerksamkeit oder eine Indiskretion die unsichtbare Grenze und wird zum Verrat oder Treuebruch? Das ist eine Frage des Maßes. Zum Beispiel täuschen Menschen manchmal unter dem Deckmantel, einen schützen zu wollen: „Ich habe das für dich getan", behaupten sie: „Ich wollte dich nicht verletzen." Dabei hört man lieber die nackte Wahrheit, als eine Lüge, eine Schwindelei oder eine ausweichende Antwort, so gut sie auch gemeint sein mag.

Es gibt hauptsächlich drei Kategorien der Täuschung: den *unabsichtlichen Vertrauensbruchs,* den *Ich-kann-nichts-dafür-Vertrauensbruch* und schließlich den *absichtlichen Vertrauensbruch.* Nur wenn wir fähig sind, zwischen ihnen zu unterscheiden, können wir uns vor wiederholten Enttäuschungen schützen.

Der unabsichtliche Vertrauensbruch

„Ich habe dir doch nichts getan", „Wovon redest du eigentlich?" „Was soll ich getan haben? Ich habe nur versucht, dir zu helfen."

Wenn ein Vertrauensbruch stattfindet, wird es von demjenigen bestimmt, der ihn als solchen wahrnimmt. Bei dieser Art Vertrauensbruch ist der Person nicht bewußt, daß sie Sie im Stich gelassen hat. Oft hat sie Sie verraten, um irgendeinen Vorteil für sich herauszuschlagen. Wenn Sie diesen Verräter-Typ fragen, wie er so etwas tun konnte, wird er höchstwahrscheinlich ehrlich überrascht sein und fragen: „Wie konnte ich *was* tun?" Er wird nur von seinen eigenen Interessen bewegt, hat überhaupt keinen Sinn für Ihre Gefühle und Ihren Standpunkt und merkt deshalb nicht, daß er die Grenzen des Vertrauens überschritten hat.

Außerdem versteht so jemand gar nicht, wie sich sein

Verhalten auswirkt und wie eine Beziehung infolgedessen zu Bruch gehen kann. Trotzdem fühlen wir uns verletzt. Warum? Weil diese Art des Vertrauensbruches ihren Ursprung darin hat, daß mit Ihrem Vertrauensfaktor etwas nicht stimmt. Sie haben bestimmte Erwartungen an ein Vertrauensverhältnis und rechnen mit bestimmten Verhaltensweisen. Wenn dem nicht so ist, fühlen Sie sich betrogen.

Häufig entsteht ein unabsichtlicher Verrat aus patriarchalischen Motiven – das heißt, daß Menschen unter dem Deckmantel Anteil nehmen, Vertrauen brechen, um zu helfen oder jemand Schmerz, Sorgen oder unangenehme Nachrichten zu ersparen. Sie glauben, fürsorglich zu sein, und sich unsere Belange zu Herzen zu nehmen. In Wirklichkeit ist so ein Vertrauensbruch oft auf naive Weise aufdringlich und letztendlich eine Art von Kontrolle.

Ein typisches Beispiel für diese Art Vertrauensbruch liegt vor, wenn jemand meint, Ihnen erzählen zu müssen, daß Ihr Mann ein Verhältnis hat, daß Ihr Sohn Marihuana raucht oder daß Ihre Tochter Umgang mit einer unerfreulichen Clique hat. Er meint, daß es ihm zusteht, Sie davon zu informieren, damit Sie die Schritte ergreifen können, die er für erforderlich hält. Er ist erstaunt, wenn Sie sich durch seine Enthüllungen verletzt und verraten fühlen.

Arlenes Erfahrung mit ihrer Schwester ist ein typisches Beispiel für einen Vertrauensbruch, der seinen Ursprung in patriarchalischen Gefühlen hat. Als Arlene erfahren hatte, daß ihr Sohn an Hyperaktivität litt, sprach sie ausführlich mit ihrer Schwester Mona über ihre Sorgen. „Auf der einen Seite war ich ziemlich bestürzt", erinnert sich Arlene, „aber ich war auch irgendwie erleichtert. Bretts Verhaltensprobleme und seine Schwierigkeiten in der Schule, die ganzen Jahre voll Schmerz und Unglück ergaben auf einmal einen Sinn. Endlich waren wir auf der richtigen Spur, endlich wurde etwas getan, um Brett und uns zu helfen." Mona wußte, wie traumatisch die ganze Geschichte für ihre Schwester war. Deshalb war Arlene auch so schockiert, als sie Heiligabend zu ihrer Schwester nach Hause kam und dort von einer entfernten Bekannten angesprochen wurde, die ihr Mitgefühl mit den Problemen von Arlenes Sohn ausdrückte und von den Enttäuschungen erzählte, die sie mit ihrem eigenen Sohn erlebt hatte.

„Also gut, sie war eine Freundin meiner Schwester, und ich glaube, aus ihrer Sicht wollte sie wohl helfen. Wenn Mona mich vorher gefragt hätte, hätte es mir wahrscheinlich nichts ausgemacht. Aber es tut weh, daß sie keine Sekunde gezögert hat, eine vertrauliche Mitteilung weiterzuerzählen. Sie hätte es besser wissen müssen." Arlene glaubt nicht einmal, daß es Sinn hat, mit Mona darüber zu sprechen, wie verraten sie sich vorkommt. „Sie würde mich ansehen, als hätte ich zwei Köpfe. So war sie schon immer. Ich staune über manches, was sie tut, jetzt auch über diesen eklatanten Vertrauensbruch, aber sie merkt es überhaupt nicht. Sie meint, daß sie auf mich aufpaßt."

Mona hat keine Ahnung, daß ihre Schwester so über sie denkt. Darum muß Arlene ihr signalisieren, daß sie – zwar nicht böswillig – einen Vertrauensbruch begangen hat, der sehr schmerzlich ist. Arlene muß Grenzen setzen und sagen: „In Zukunft wäre es mir lieber, wenn du dieses Thema anderen Leuten gegenüber nicht ansprechen würdest. Ich fühle mich sonst befangen."

Der „Ich kann nichts dafür"-Vertrauensbruch

„Ich habe nie gewollt, daß das passiert." „Ich habe nicht gedacht, daß es so kommen würde." Diese Verräter-Typen spüren, daß sie etwas tun, woran andere Anstoß nehmen könnten, fühlen sich aber trotzdem dazu veranlaßt. Warren brach unwissentlich Vertrauen, als er sich nach dem Tod seiner Mutter selbst das Honorar zuteilte, das im allgemeinen einem Testamentsvollstrecker zusteht. „Mein jüngerer Bruder Adam ging auf die Palme", berichtete Warren ganz verwirrt: „Meine Mutter hatte ihr Vermögen gleichmäßig zwischen uns aufgeteilt, aber ich wohnte in der Nähe, und so schien es mir sinnvoll, den Nachlaß zu regeln. Man kann sich kaum vorstellen, wieviel Papierkram das war. Da es sehr viel Zeit in Anspruch nahm, bin ich einfach davon ausgegangen, daß ich ein Recht auf das Honorar eines Testamentsvollstreckers hätte. Das ist doch normal. Aber Adam sah das ganz anders. Er nannte mich sogar einen gierigen Betrüger." Obwohl Warren wußte, daß sein Bruder es mißverstehen und etwas dagegen haben könnte, wenn er ein Honorar nahm, war er ehrlich erschrocken, wie tief die Wut ging, die sein Verhalten hervorrief. Er war verblüfft darüber, daß sein Verhalten nicht als einwandfrei aufgefaßt wurde. Auch Meredith war sich bewußt, was sie anstellte. Trotzdem fällt auch sie in die Kategorie der Verräter, die nicht anders können. Sie verteidigte ihren persönlichen Vorteil, hatte aber nicht die Absicht, Beverly zu verletzen. Sie war so in ihren eigenen Bedürfnissen und Ängsten gefangen, daß sie ihr Verhalten damit rechtfertigte.

Wie die bewußten Betrüger handeln die „Verräter-die-nichts-dafür-können", um ihr eigenes Terrain zu schützen. Sie benutzen ihre Energie, um sich den Erfolg zu sichern – eventuell auf Kosten anderer –, aber es ist nicht ihre eigentliche Absicht, jemanden zu verletzen. Ein solcher Mensch weiß, was er tut – und kann sich deswegen vielleicht selbst nicht leiden –, aber er glaubt, daß sein Verhalten nötig ist, um sich zu schützen. Tom, der Mann, den wir am Anfang des ersten Kapitels kennenlernten, ist auch so jemand: „Nachdem ich Linda von der Stelle abgeraten hatte, wurde mir klar, wie interessant sie sich anhörte. Aber es war mir zu peinlich, und ich schämte mich im nachhinein zu sehr, um Linda zu erzählen, was ich getan hatte."

Der bewußte Vertrauensbruch

„Du hast mich dazu gebracht." „Es ist mir egal; ich tat, was ich tun mußte."

Hier handelt es sich um einen heimtückischen, weil bewußten Vertrauensbruch, geboren aus Rache und Vergeltung. Er wird begangen von jemand, der glaubt, auf etwas Anspruch zu haben und/oder so ungerecht behandelt worden zu sein, daß er sich zu seinem Verhalten berechtigt fühlt. Sein Bedürfnis, den emotionalen Schaden wiedergutzumachen, ist immens, und er tut, was nötig ist, um seine Bedürfnisse zu erfüllen. Er kann sich sehr viel Mühe geben, um das verräterische Benehmen zu tarnen. Er kann damit aber auch angehen, weil er darauf versessen ist, den anderen für seinen Schmerz büßen zu lassen. Bei einem bewußten Vertrauensbruch sollte man immer daran denken, daß diese Verräter-Typen sich oft ungerecht behandelt fühlen und andere dafür verantwortlich machen. Das mag zurecht geschehen oder auch nicht; ihre persönliche Einschätzung der Situation motiviert jedenfalls verräterisches Verhalten.

Man kann sie kaum überzeugen, daß sie sich irren. Es ist ihre Wahrheit, und sie halten ihr Verhalten für berechtigt.

Zu einem bewußten Vertrauensbruch kommt es oft, wenn geschäftliche und persönliche Beziehungen sich überschneiden. Geschäftssparten, die eine Art von Vertrautheit fördern, sind besonders anfällig für diese Art von Verrat. Immobilienfirmen, Reiseunternehmen, Kosmetikläden und Architektenbüros gehören hier dazu, weil sie eine Vertrautheit fördern, die von vielen fälschlicherweise als persönliche Nähe gedeutet werden.

Gina arbeitete für ein großes Reisebüro und wurde von ihrem Chef gebeten, einen der wichtigsten Kunden der Firma zu betreuen. Obwohl sie sich mit der Frau des Kunden anfreundete und mit dem Ehepaar oft gesellschaftlich verkehrte, fand sie den Mann herrisch und unausstehlich. Sie verbarg jedoch ihre Meinung immer hinter geschäftlicher Höflichkeit und Tüchtigkeit.

Aber als Gina kündigte, um ihr eigenes Reisebüro zu eröffnen, entschied sie sich, diesem einen Ehepaar nichts von ihren Plänen zu sagen, obwohl sie anderen bisherigen Kunden davon erzählte. Sie war sehr erschrocken, als sie eines Tages den Hörer abhob und sich von der Frau des früheren Kunden eine Schimpfkanonade anhören mußte.

„Sie hatte von jemand anders gehört, daß ich gekündigt hatte und war verletzt und wütend, weil ich ihr nicht Bescheid gesagt hatte. Ich hätte sie verraten", erzählt Gina. „Und ich glaube, in gewisser Weise habe ich das sogar wirklich getan. Aber ich mußte auch an mich selbst denken. Ich konnte es nicht mehr ertragen, für ihren Mann zu arbeiten, und nun mußte ich es tatsächlich nicht mehr tun."

Ein bewußter Vertrauensbruch kann auch aus einer

emotionalen Verletzung heraus entstehen – zum Beispiel, wenn eine Ehefrau, die von der Untreue ihres Mannes erfahren hat, ein Verhältnis mit einem Mitarbeiter beginnt, entweder, um es ihrem Mann heimzuzahlen oder um sich vor weiteren Verletzungen zu schützen.

Das Verhalten von Molly ist sehr anschaulich. Seit sechs Jahren ist sie mit Ted verheiratet, einem Textilfabrikanten, der sehr dominant ist und ihr wenig Aufmerksamkeit widmet. Sie war mit ihm durchgebrannt, um dem Leben mit ihren kaltherzigen und herrischen Eltern zu entkommen. Aber bald stellte sich heraus, daß Ted ebenso gefühllos war wie ihre Eltern. Im Laufe der Jahre wurde Molly immer deprimierter.

„Dieser Mann ging so in seiner Firma auf, daß er es nicht einmal fertigbrachte, ins Krankenhaus zu kommen, als ich unsere Tochter zur Welt brachte", erklärt Molly. Es ist kein Wunder, daß Molly bei ihrem Chef Evan Trost suchte. Er bemerkte und bewunderte die Fähigkeiten, die Ted nicht zu schätzen wußte. Mit der Zeit wurde Molly auch mit Evans Frau Penny sehr vertraut; die Frauen brachten ihre Kinder oft zum Gymnastikunterricht und verbrachten dann den Rest des Tages gemeinsam.

Aber als Penny einmal eine Woche lang nicht in der Stadt war, weil sie ihre Mutter besuchte, begannen Evan und Molly ein Verhältnis miteinander. Die meisten Leute wären bei dem Gedanken schockiert, daß eine Frau wie Molly es fertigbrachte, mit dem Mann einer ihrer besten Freundinnen zu schlafen. Aber in Wirklichkeit kommt ein Verhalten wie das von Molly immer wieder vor. Wie kann sie damit leben? Wie kann sie in dem Wissen, daß sie mit deren Mann schläft, mit Penny befreundet bleiben?

„Ich bin krank vor Schuldgefühlen", gibt Molly zögernd zu. „Trotzdem kann ich mich nicht zurückhalten. Der Rest meines Lebens ist so öde, so leer. Und ich weiß, daß Evan in seiner Ehe so unglücklich ist wie ich in meiner. Er gibt mir etwas, ohne das ich nicht leben könnte", fügt sie hinzu, um ihren Betrug zu rechtfertigen. Trotz ihrer Reuegefühle sieht sich Molly nicht in der Lage, etwas zu ändern. Für Menschen wie Molly ist diese Form von Vertrauensbruch eine Methode, um sich vor dem Schmerz in ihrer gegenwärtigen Beziehung zu schützen.

Die Grenze überschreiten

Um über einen Vertrauensbruch hinwegzukommen, müssen wir zunächst verstehen, warum jemand, dem wir vertraut haben, uns in Stich gelassen hat.

Wenn Sie gerade Opfer eines Verrats geworden sind, fragen Sie natürlich nicht gleich nach dem Warum dieses Vertrauensbruchs. Sie sind verletzt und durcheinander, und das ist das einzige, was für Sie zählt. Wenn es aber darum geht, den Schaden wiedergutzumachen, wird das Motiv für den Vertrauensbruch sehr wichtig. Dessen Kenntnis hilft Ihnen zu entscheiden, ob Sie eine Versöhnung wollen oder ob es Zeit ist, die Beziehung endgültig zu beenden.

Ich werde die mögliche Reaktion auf den Vertrauensbruch in späteren Kapiteln untersuchen. Im nächsten Kapitel wollen wir uns die Menschen näher anschauen, die die Grenze zwischen Vertrauen und Verrat überschritten haben.

Lug und Trug
Soll man einen Verräter verraten?

Sie sind mit einer Studienfreundin in einem Restaurant zum Mittagessen. Sie schauen durch den Raum und sehen den Mann Ihrer besten Freundin bei einem offensichtlich romantischen Tête-à-tête mit einer anderen Frau. Was tun Sie? Sollen Sie es Ihrer Freundin erzählen – oder sollten Sie Ihr Wissen für sich behalten?

Die Fachleute sind darüber geteilter Meinung. Wundern Sie sich also nicht, wenn Ihnen die Situation unlösbar erscheint. Wenn Sie nichts sagen, fühlen Sie sich vielleicht schrecklich belastet und als Komplizin des Betrugs. Falls Ihre Freundin herausfindet, daß Sie auf dem laufenden waren, könnte sie Ihr Schweigen auch für einen Vertrauensbruch halten.

Wenn Sie es Ihr aber erzählen, stellen Sie sich gegen ihren Ehepartner und riskieren ebenfalls Ihre Freundschaft ernsthaft zu gefährden. Was, wenn sie es gar nicht wissen will? Was, wenn der besagte Abend nur ein einmaliger Ausrutscher war und Ihre Enthüllung eine sonst stabile Ehe zerstört? Sie mag Ihren Motiven mißtrauen, Ihnen nicht mehr vertrauen und sich gegen Sie wenden.

Denken Sie auch daran, daß eine solche Situation potentiell zu einem unbeabsichtigten Vertrauensbruch führen kann. Das hängt davon ab, wie Ihre Freundin die Sache sieht. Wenn sie ihrem Mann gegenüber nicht schon mißtrauisch war und Sie gebeten hat, sie zu informieren, wenn Sie Zeuge seiner Untreue werden, dann sollten Sie nicht vorschnell reagieren. Warum fühlen Sie sich überhaupt dazu veranlaßt, den Ehemann zu belasten? Was sind Ihre wahren Motive? Versuchen Sie, Ihr eigenes schlechtes Gewissen zu beruhigen? Schauen Sie sich die Geschichte dieser Ehe und die Geschichte Ihrer Freundschaft sorgfältig an. Versuchen Sie, Ihrer Freundin Schmerz zu ersparen? Ziehen Sie ein Gefühl der Genugtuung aus der Situation? Hüten Sie sich vor einem „Ich habe es dir gleich gesagt". Nach einer solchen Reflektion werden Sie in der Lage sein, Ihrer Freundin verständlich zu machen, daß Ihnen etwas an ihr liegt. Sie können dann offen darüber reden, was Sie voneinander erwarten. Gerade wenn es in der Ehe Ihrer Freundin Schwierigkeiten gibt, wird Sie Ihre Liebe und Unterstützung brauchen.

II. Teil
Die vielen Gesichter des Vertrauensbruches

4. Kapitel Rivalen: „Ich bin der Beste"

Melissa und Carly waren seit ihrem letzten Schuljahr die besten Freundinnen. „Wir waren wie Schwestern", sagt Melissa. Sie ist fünfundzwanzig Jahre alt und Sekretärin in einem Reisebüro. „Wenn ich mit jemand sprechen wollte, dann rief ich Carly an. Wenn ich jemand um einen Gefallen bitten mußte, war sie für mich da, wie ich auch für sie." Aber die siebenjährige Freundschaft fand ein abruptes Ende, als Melissa entdeckte, daß Carly seit zwei Monaten ein Verhältnis mit Melissas Freund Gary hatte. Dabei dachte Melissa schon ans Heiraten.

„Ich wollte es einfach nicht glauben, als eine andere Freundin mir davon erzählte", erinnert sich Melissa. „Ich stand unter Schock. Natürlich hatten Gary und ich Schwierigkeiten miteinander, aber ich hatte gehofft, daß wir sie lösen könnten. Gerade mit Carly habe ich so viel über Gary geredet. Sie wußte alles über uns, und ich hasse sie, weil sie ihn mir weggenommen hat ... Aber am meisten schmerzt mich, daß meine beste Freundin mir so etwas antun konnte. Das ist schlimmer als Garys Verlust. Unsere ganze Freundschaft war also nur eine Täuschung."

Aber Carly war sich keines Fehlers bewußt. „Wie kann sie sagen, daß ich sie betrogen habe? Hat sie mir nicht tausendmal gesagt, daß sie ihn nie wiedersehen wollte? Monatelang habe ich mir ihre Klagen über Gary angehört. Sie wollte doch sowieso nicht mehr mit ihm zusammensein. Warum ist sie jetzt so überrascht, daß wir das auch so verstanden haben?"

Der Konflikt zwischen Melissa und Carly stellt einen klassischen Fall von Rivalität dar – vielleicht die häufigste Form des Verrates. Rivalisierende Typen fühlen sich dazu angestachelt, zu konkurrieren, andere zu überbieten und wegzunehmen, was jemand anders hat. Von Neid und tiefer Unsicherheit getrieben und mangelndem Selbstwertgefühl angestachelt, müssen Rivalen jedem um eine Nasenlänge voraus sein und jeden übertreffen, den sie als Konkurrenz oder Bedrohung ansehen. Dieses Bedürfnis zu gewinnen, macht das Wesen der Rivalität aus, und manchmal machen solche Menschen vor nichts halt, um ihr Ziel zu erreichen. Die Auswüchse von Rivalitäten machen Schlagzeilen. Man ist entsetzt, wenn man liest, wie weit Menschen gehen, um ihre überlegene Position zu verteidigen. Da ist die Schönheitskönigin in West Virginia, die versuchte, die Frau zu töten, die ihr den geliebten Mann weggenommen hatte ... die Mutter in Texas, die so von dem Wunsch besessen war, ihre Tochter in der Cheerleader[4]-Truppe der Schule zu sehen, daß sie ein Komplott schmiedete, um deren größte Konkurrentin zu verletzen ... und die olympische Eiskunstläuferin, die sich angeblich an einem Komplott gegen ihre Konkurrentin beteiligte, damit diese an den Wettkämpfen nicht teilnehmen konnte. Die Anziehungskraft solcher schmutzigen Geschichten beruht darauf, daß in jedem von uns ein gewisses Rivalitätspotential steckt. Wir

---

[4] Zu den Cheerleadern zu gehören, die die Sportmannschaft bei Wettkämpfen anfeuern, ist in Amerika eine große Ehre, die u. a. sehr gute Noten voraussetzt (Anm. d. Ü.).

können uns alle mehr oder minder mit dem Wunsch identifizieren, um jeden Preis gewinnen zu wollen. Aber bei den meisten von uns überwiegt das Gefühl für Fairness, das unseren Konkurrenzgeist und unser Rivalitätsgehabe im Zaum hält.

Spiele, die Menschen spielen

Rivalitäten kommen in jeder Beziehung vor – zwischen sehr guten Freunden, Geschäftspartnern und Kollegen, Brüdern und Schwestern, Müttern und Töchtern –, auch wenn wir sie am häufigsten im Beruf und in der Partnerschaft feststellen können. Rivalitäten können sogar in einer Ehe existieren. Ehen von Prominenten scheitern oft aus eben diesem Grund, weil die Partner ihre beruflichen Erfolge permanent vergleichen und nicht mehr in der Lage sind, die Triumphe des anderen zu feiern. Mitgefühl und Sympathie bleiben in diesen Konstellationen zwangsläufig auf der Strecke. Jede Begegnung wird zu einem Duell bzw. zu einem Wettbewerb. Wer erledigt mehr Hausarbeit? Wessen Kindererziehung ist besser? Wer darf die wichtigen Entscheidungen treffen?

Rivalitäten beginnen oft in der Ursprungsfamilie und setzen sich dann fort. Wenn sie nämlich nicht bewältigt werden, überträgt man sie unbewußt auch in andere Beziehungen und wiederholt dort die gleichen Verhaltensschemata. Auch bei Scheidung, Wiederheirat und in Patchwork-Familien sind Menschen ständig dem Gefühl ausgesetzt, verdrängt und ersetzt zu werden. In der neuen Familienkonstellation sind die Loyalitäten vielleicht geteilt und Rivalitäten können wuchern; ein Kind kann gegenüber dem verbleibenden Elternteil äußerst besitzergreifend werden oder erbittert eifersüchtig auf den neuen Stiefvater, die neue Stiefmutter oder die Stiefgeschwister sein.

So etwas passierte Janet, der geschiedenen Mutter zweier Kinder, mit ihrer älteren Tochter, der sechzehnjährigen Kristen. Nachdem Janet und ihr Mann geschieden worden waren, versuchten Kristen und sie mit dem Verlust des Mannes in ihrem Leben fertig zu werden, indem sie sich auf Schritt und Tritt Konkurrenz machten. Wer war schlanker? Wer erzählte die lustigeren Witze? Wer zog mehr männliche Aufmerksamkeit auf sich? Unbewußt kämpften beide mit einem Gefühl der Verlassenheit, das ein Gefühl der Wertlosigkeit verursachte. Mutter und Tochter wollten sich gegenseitig übertrumpfen: „Siehst du, ich bin die Beste. Meinetwegen ist er natürlich nicht gegangen." Die Rivalität zwischen beiden wurde so stark, daß jedes Thema zur Konfrontation führte. Es wirkte sich sogar auf Janets Beziehung zu ihrem neuen Freund aus, da Kristen ohne Unterlaß mit ihm flirtete. Als Janet zur Beratung kam, sprachen sie und ihre Tochter kaum noch miteinander.

Bittere Rivalität kommt auch am Arbeitsplatz auf, wenn Menschen um des eigenen Vorankommens willen herabsetzende Gerüchte über Mitarbeiter verbreiten oder deren Anstrengungen sabotieren. Jerry und Chris arbeiteten mehrere Jahre beim gleichen Radiosender, und Jerry hielt seinen Kollegen für einen guten Freund. Als Jerry sich um eine Stelle als leitender Produzent bei einem anderen Sender bewarb, vertraute er sich Chris an und fragte ihn, ob er ihn als Referenz angeben könnte.

„Ich hatte wirklich gute Aussichten auf diese neue Stelle", erklärte Jerry. „Ich hatte sie praktisch schon in der Tasche. Alles, was sie noch wollten, war eine Empfehlung von meinem bisherigen Arbeitsplatz. Ich nannte ihnen natürlich Chris' Namen." Als Jerry später erfuhr, daß die Stelle jemand anders angeboten worden war, wollte er zumindest herausfinden, was schiefgegangen war und entdeckte fassungslos, daß Chris einige negative Bemerkungen über ihn gemacht hatte.

„Obwohl er sich nach außen den Anschein gab, mich zu unterstützen, sehe ich jetzt, daß Chris mir keine bessere Stelle gönnte", sagte Jerry, nachdem der erste Schmerz des Verrates nachgelassen hatte. „Die Branche ist klein, und ich gehe jede Wette ein, daß er einfach nicht mit der Vorstellung zurecht kam, ich könnte bald eine oder zwei Stufen über ihm stehen. Ich hatte geglaubt, den Burschen zu kennen und ihm vertrauen zu können, aber offensichtlich lag ich mit meiner Einschätzung weit daneben."

Manchmal wird die Beziehung zwischen Freunden auf subtilere Art von Konkurrenz und Rivalität geprägt, vor allem, wenn – die Erwartung, daß der andere immer für einen da sein wird – in Frage gestellt wird. Ronnie und Mara waren sehr gute Freundinnen. Als sie nach Abschluß des Studiums nach Detroit zogen, teilten sie sich eine Wohnung. Die Woche über arbeiteten beide hart – oft auch samstags –, und sie freuten sich auf ihre Sonntagsroutine: Sie schliefen aus, kauften sich eine Zeitung und gingen zu einem gemütlichen Brunch in eines ihrer Lieblingscafés. Das heißt, solange, bis Ronnie Barry kennenlernte.

Mara mochte den neuen Freund ihrer Freundin nicht, und sie hatte keine Hemmungen, das auch zu sagen. „Ich habe versucht, ihn zu mögen, aber ich fand einfach, daß er nicht der Richtige für sie war", erklärte Mara. „Ich dachte, daß sie einen großen Fehler machte, aber als ich versuchte, ihr das zu sagen, rief das eine unglaubliche Spannung zwischen uns hervor, obwohl sie vorher immer auf meinen Rat gehört hatte." Mara behauptete, sich trotzdem für ihre Freundin zu freuen. Nur widerwillig gestand sie ein, daß sie die langen Unterhaltungen und die gemütlichen Zeiten, die sie mit Ronnie verbracht hatte, schrecklich vermißte. „Ich weiß, daß ihr immer noch an mir liegt und daß wir immer befreundet bleiben werden", sagte Mara, als wollte sie sich selbst überzeugen. „Aber wenn ich ehrlich bin, muß ich sagen, daß ich mich auch ignoriert, ausgeschlossen, ja, betrogen fühle."

Eine sehr enge Freundin hat oft Schwierigkeiten, den neuen Freund oder Ehemann der anderen zu akzeptieren, weil sie verunsichert ist und das Gefühl hat, aus dem Leben ihrer Freundin verdrängt zu werden. Diese schenkt ihre Zeit und Aufmerksamkeit jetzt nämlich vorrangig dem neuen Partner. Cynthia erlebte solche Rivalitätsgefühle, als Sybil, mit der sie seit ihren Kindertagen befreundet war, ihr erstes Kind bekam. „Obwohl wir verschiedene Colleges besucht haben und in verschiedenen Städten lebten, wußte ich, daß ich nur zum Telefon zu greifen brauchte und es dann wieder genau so war, als hätten wir erst gestern miteinander gesprochen", erinnerte sich Cynthia. „aber seitdem Sybil Mutter geworden ist, ist es ganz anders. Es ist, als hätte sie eine andere Welt betreten, eine, über die ich nichts weiß. Jedes Mal, wenn wir eine Verabredung treffen, verschiebt sie sie in letzter Minute. Sie sagt, daß ich sie zu einer bestimmten Zeit anrufen soll, kann dann aber doch nicht mit mir sprechen, weil das Baby weint. Wir haben vor, ins Kino zu gehen, und sie sagt in letzter Minute ab, weil sie keinen Babysitter finden kann. Ich weiß, sie erwartet Verständnis von mir, und ich gebe mir ja auch Mühe. Aber ich habe immer das Gefühl, daß ich mich nicht mehr auf sie verlassen kann. Sie ist müde, aber okay, kann sie nicht wenigstens ein Telefongespräch zu Ende führen? Und wie wäre es, wenn sie sich einmal nach mir erkundigen würde?" „Es klingt lächerlich", fügt sie hinzu, „aber ich glaube, ich bin eifersüchtig auf einen sechs Monate alten Säugling."

Maras und Cynthias Reaktionen scheinen auf den ersten Blick wirklich beschämend trivial und selbstsüchtig, aber sie sind nicht ungewöhnlich. Viele Menschen fühlen sich verlassen, wenn ein enger Freund oder ein geliebter Mensch seine Anteilnahme und Treue jemand anderem zuwendet. Die Verhältnisse und die soziale Rolle eines Menschen mögen sich ändern – durch Hochzeit, Scheidung, Geburt eines Kindes oder eine Beförderung –, aber die Erwartungen anderer an dessen Verfügbarkeit bleiben oft unverändert. Das kann zu Mißverständnissen führen, zu schwelendem Groll, zu offener Wut und Neid und dem beunruhigenden Gefühl, daß der Freund, dem man einmal vertraute, nicht mehr für einen da ist. Obwohl Ronnies und Sybils Verhalten durchaus berechtigt ist, erleben Mara und Cynthia es als Verrat. Sie werden von Rivalitätsgefühlen überwältigt, die sie als solche nicht erkennen und drücken ihre Gefühle in Form von Mißbilligung und Empörung aus. Nur wenige Freundschaften überleben derartige Konkurrenzsituationen.

Ian ist ein anderes Beispiel für jemand, der sich verdrängt fühlte, ohne daß ihm das bewußt war. Vor sechs Monaten hatte Ian seiner jüngeren Schwester Barbara seinen besten Freund Kenny vorgestellt. Barbara war geschieden und hatte zwei Kinder. Seit Barbaras Ehe auseinandergegangen war, aß Ian oft bei seiner Schwester und ihren Kindern zu Abend und verbrachte am Wochenende den Nachmittag mit ihnen. Ian hatte eine enge Beziehung zu den Kindern entwickelt und fühlte sich eher wie ein Ersatzvater als wie ein geliebter Onkel.

Als Kenny und Barbara sich näher kamen, paßte das Ian nicht. Als sie ihre Verlobung bekannt gaben, bekam er einen Wutanfall. „Ich bin wütend auf Ken, und ich bin wütend auf Barbara. Ich fühle mich betrogen", verkündete er und der Ärger stieg in seiner Stimme. Ian erlitt einen mehrfachen Verlust: Seine Rolle als Nummer eins mußte er abtreten. Er fühlte sich nicht mehr als der wichtigste Mann im Leben seiner Schwester, nicht mehr als Ersatzvater für seine Nichten und auch nicht mehr als der beste Freund von Kenny. Er wußte, daß Kenny Barbara und ihren Kindern gut tat, aber im tiefsten Inneren war er überzeugt, daß er besser wäre.

Worum geht es eigentlich?

Die Wurzeln für Rivalität – ebenso wie für unsere Reaktion darauf – gehen tief. Die Erfahrungen unserer Kindheit beeinflussen unsere Wahrnehmung und unser Verhalten als Erwachsene und treiben uns oft in Beziehungen – mit Partnern, Ehemännern, Freunden oder Kollegen –, in denen sich die frühere Dynamik wiederholt. Für viele Menschen haben ungelöste ödipale Probleme ebenso wie anhaltende Rivalitäten mit ihren Geschwistern entscheidenden Einfluß auf ihr Selbstbild und die Beziehungen, die sie in Zukunft eingehen werden.

Wenn ein Kind sich zwischen drei und fünf Jahren gefühlsmäßig von seinen Eltern oder der Hauptbezugsperson löst und ein Gefühl für seine eigene Identität aufbaut, beginnt es, die Welt eher aus einer Drei- als aus einer Zwei-Personen-Perspektive zu sehen. Das emotionale Dreieck von Vater, Mutter und Kind – von Freud als Ödipus-Komplex bezeichnet – kann intensive Gefühle von Liebe, Haß und Eifersucht auslösen. Freud zufolge entwickelt ein Kind ein starkes erotisches Verlangen nach dem gegengeschlechtlichen Elternteil und tritt unbewußt als Rivale des gleichgeschlechtlichen Elternteils in einen Wettkampf um die Liebe des anderen. Das Kind wird so stark von Gefühlen der Rivalität beherrscht, daß es – ebenfalls unbewußt – den gleichgeschlechtlichen Elternteil ausschalten möchte. Es ähnelt Ödipus in Äschylus' griechischer Tragödie, der seinen Vater tötet und sich in seine Mutter verliebt. In der kindlichen Entwicklung tritt die ödipale Problematik zum ersten Mal im Alter zwischen drei und fünf Jahren auf. Sie wird in der Pubertät wieder aktuell und normalerweise vom Jugendlichen überwunden, wenn er erlernt, sich positiv mit dem gleichgeschlechtlichen Elternteil zu identifizieren. Als Erwachsener sucht man oft einen Partner mit den Eigenschaften des andersgeschlechtlichen Elternteils. Die Worte des alten Liedes: „Ich will ein Mädchen, ein Mädchen wie das, das meinen guten alten Vater heiratete", fassen die erfolgreiche Lösung des ödipalen Problems perfekt zusammen. Aber viele Leute erinnern sich mit Rachegefühlen an die alten ödipalen Beziehungen und gehen auch als Erwachsene Dreiecksbeziehungen ein. Valerie bietet ein gutes Beispiel für jemand, der noch mit ungelösten ödipalen Problemen zu kämpfen hat. Sie ist Vizepräsidentin einer großen überregionalen Bank und hat dort eine steile Karriere gemacht. Beruflich ist sie sehr gewissenhaft und erfolgreich, aber in menschlicher Hinsicht nicht in der Lage, die Vertrauenswürdigkeit ihrer Freunde richtig einzuschätzen. Ein Blick auf ihr bisheriges Leben zeigt eine Reihe seelischer Enttäuschungen, die ihre Urteilsfähigkeit beeinträchtigten und die sie anfällig dafür machten, immer wieder verlassen zu werden.

Den ersten Verlust erfuhr Valerie mit neun Jahren, als ihr Vater starb. In den nächsten Jahren entwickelte sie eine äußerst enge Beziehung zu ihrer Mutter. Es war eher eine freundschaftliche als eine typische Mutter-Tochter-Beziehung. Als Valerie nach dem Studium wieder nach Hause zurückgekehrt war, teilte sie sogar das Schlafzimmer mit ihrer Mutter. Sie war einundzwanzig Jahre, als ihre Mutter wieder heiratete. Valerie fühlte sich – zurecht – beiseite geschoben. Obwohl sie sich ihre Trauer und Eifersucht nie eingestand, beeinflußten ihre Gefühle ihr Verhalten nachhaltig.

Während wir uns unterhielten, dachte ich darüber nach, daß Valerie gar nicht bewußt war, wie deutlich sich der wiederholte Verrat in ihrem Leben abzeichnete. Sie erzählte mir, daß in ihrer Schulzeit ihre beste Freundin mit ihrem Freund geflirtet hatte und ihn ihr schließlich ausgespannt hatte. Bei ihrer ersten Stelle hatte sie die junge Frau, mit der sie oft zum Mittagessen gegangen war, für eine vertraute Bekannte gehalten, bis sie entdeckte, daß sie hinter ihrem Rücken bei anderen im Büro über sie geklatscht hatte. Und erst vor kurzem war Valerie von Margot betrogen worden, einer Frau, die sie im Fitness-Studio kennengelernt hatte, und die sie für eine enge Freundin gehalten hatte.

„Ich kann es einfach nicht fassen", fing sie an, als sie in meine Praxis kam. „Ich habe Margot von ganzem Herzen vertraut. Sie ist nicht besonders attraktiv, deshalb habe ich sie eigentlich nicht als Bedrohung angesehen. Ich habe angenommen, daß ihr an mir genausoviel lag, wie mir an ihr, daß ihr meine Interessen genauso am Herzen lagen wie umgekehrt."

Darum wollte Valerie ihrer Freundin Craig vorstellen, den neuen Mann in ihrem Leben. „Ich mochte Craig wirklich sehr gern", erklärte Valerie, „aber mir ging alles viel zu schnell. Ich hatte kurz vorher eine schlimme Beziehung beendet, und ich vertraute meiner eigenen Intuition und meinem Urteil über Männer nicht. Ich wollte von Margot sozusagen ein zweites Gutachten einholen. Sie sollte mir sagen, ob sie Craig auch mochte.

Margot fand Craig sehr nett. So nett sogar, daß sie einige Wochen später, als Valerie auf einer Geschäftsreise war und Craig sie nach der Arbeit auf einen Drink einladen wollte, schließlich mit ihm ins Bett ging.

Bedauerlicherweise hatte Valerie unterschätzt, welche Konkurrenz Margot für sie darstellte. Wieder einmal war sie in einer Dreiecksbeziehung das dritte Rad am Wagen, diesmal mit einer falschen Freundin und einem Freund, der sie betrog.

Auch die Geschichte von Jenny, Ellen und Ethan ist von ihrer Dreiecksbeziehung charakterisiert. Jenny und Ellen teilten sich im College ein Zimmer und waren die besten Freundinnen. Zwei unterschiedlichere Menschen hätte man nicht finden können: Jenny war blond und hatte eine leise Stimme. Sie war in einem religiösen Zuhause im mittleren Westen aufgewachsen[5]. Ellen war ein Schlitzohr mit einem eher losen Mundwerk aus Staten Island in New York. Trotzdem fanden die beiden sofort während der Einführungswoche zusammen. Sie und Jennys Freund Ethan bildeten in diesem Jahr ein richtiges Kleeblatt und verbrachten fast ihre gesamte Freizeit miteinander.

---

[5] Der mittlere Westen gilt in den Staaten als besonders bürgerliche Gegend (Anm. d. Ü.).

„Wir haben einander alle so gern", sagte Ellen. Und warum hatte sie dann mit Ethan geschlafen? Ellen stammelte ihre Erklärung: „Naja, wir haben etwas getrunken und herumgealbert. Eins führte zu anderen. Jenny ist noch Jungfrau und ich nicht. Es ist halt einfach passiert. Jetzt habe ich so ein schlechtes Gewissen, aber es hat für mich eigentlich gar nichts bedeutet."

Für Ellen hatte es vielleicht keine Bedeutung, aber Jenny war am Boden zerstört. Sie wußte nicht, wie sie auf den Betrug der beiden Menschen reagieren sollte, die ihr am meisten bedeuteten. „Für mich sind sie wie eine Familie", sagte sie leise: „Ich weiß nicht, was ich tun soll. Ich kann mir nicht vorstellen, daß sie nicht mehr Teil meines Lebens sein sollen."

Melissa, Jerry, Valerie und Jenny wurden alle von Rivalen betrogen, denen sie glaubten, trauen zu können.

Der Geschwisterkrieg

Ebenso bedeutsam wie ödipale Komplexe können die Konflikte mit Geschwistern sein. Auch sie bestimmen, wie wir in späteren Beziehungen auf Rivalen reagieren. Die unvermeidlichen Zankereien der Kinderzeit – wer vorausgehen darf oder wer wen geschubst hat – sind ein wichtiger Teil der seelischen und sozialen Entwicklung eines Kindes. Zwischen Geschwistern wird ein Kampf inszeniert, um die Aufmerksamkeit der Eltern auf sich zu lenken. Er hat das Ziel, sie zu einer Reaktion zu veranlassen. Dabei geht es jedem Kind um seinen Anteil – an Liebe, Aufmerksamkeit und Geborgenheit. Auch ein Einzelkind wird bis zu einem gewissen Grad von Konkurrenz um die Aufmerksamkeit der Eltern betroffen, und zwar durch Tanten, Onkel oder andere Familienmitglieder.

Ein Kind, das sieht, daß die Geschwister von Vater und Mutter mehr Aufmerksamkeit bekommen, denkt: „Sie sind mehr wert als ich." Wenn Geschwister etwas besitzen, was es selbst nicht hat, interpretiert dies so, daß der andere mehr geliebt und höher geschätzt wird. Kinder verwechseln das Gefühl, ihren Eltern „weniger wert" zu sein, sehr schnell mit dem Gefühl, von Natur aus wertlos zu sein. Das schafft eine Leere in ihnen, die gefüllt werden muß. Das Selbstwertgefühl des Kindes beruht nicht darauf, was es hat und erreichen kann, sondern, was es nicht hat und sich wünscht. In der Zukunft stellt es vielleicht fest, daß es sich ständig an anderen mißt – und immer den kürzeren zieht.

Auch die Art, mit der Eltern auf die Kämpfe zwischen den Geschwistern reagieren und wie sie die Kinder lehren, damit umzugehen, wirft einen langen Schatten darauf, wie jemand später auf Konflikte und Rivalität reagiert. Zogen Vater und Mutter ein Kind vor? Verglichen sie die Kinder miteinander? Ermahnten sie die Geschwister mit dem Verweis: *„Brüder (oder Schwestern) sollten nicht streiten!"?* Reibereien zwischen Geschwistern sind eigentlich normal und sogar gesund. Es kennzeichnet einen entscheidenden Schritt in der psychologischen Entwicklung eines Kindes, wenn es mit den starken Gefühlen zurechtkommt, die durch ungelöste ödipale Probleme und Probleme mit den Geschwistern ausgelöst werden. Wenn die kindlichen Rivalitäten auf heilsame Art gelöst werden, dann erfährt man viel über sich selbst und lernt, wie man aggressive Konkurrenzgefühle in die richtige Bahn lenkt. Lernziel Nummer eins ist, daß mit der Enttäuschung einer Niederlage und dem Schmerz einer Zurückweisung umzugehen, ohne daß Selbstwertgefühl und Selbstbewußtsein darunter leiden. Man läßt sich dann von einem Fehlschlag nicht mehr unterkriegen und lernt in der Schule, im Beruf und in Beziehungen aus seinen Fehlern.

Wenn die Rivalität zwischen Geschwistern aber außer Kontrolle gerät, ist es Kindern fast unmöglich, ein Gefühl für Fairneß zu entwickeln. Die Enttäuschung erzeugt Wut, Verachtung, Eifersucht und den Wunsch, dem Rivalen wegzunehmen, was er besitzt. Wenn Eltern es versäumen, Grenzen zu setzen, können Kinder auch keinen Respekt für Rechte oder Besitz anderer entwickeln. Sie lernen dann vielleicht nie zu unterscheiden, ob sie das Modellflugzeug ihres Bruders benutzen – oder später anderen den Freund oder Ehepartner ausspannen.

Weit zurückliegende Erfahrungen mit Rivalität unter Geschwistern haben unterschiedlichen Einfluß auf den meistens unbewußten Versuch, den alten Kummer zu verarbeiten und alte Wunden zu heilen. Wenn jemand als Kind das Gefühl hatte, daß andere ihm immer eine Nasenlänge voraus waren, kann er als Erwachsener versuchen, den anderen voraus zu sein. Zum Ausgleich konkurriert er unter Umständen auch als Erwachsener weiter mit einem Bruder oder einer Schwester, wer hat die bessere Stelle, das größere Haus oder die intelligenteren Kinder.

Die Ereignisse, die in der Familie Brant zum Bruch führten, veranschaulichen, wie aus geschwisterlicher Rivalität Betrug werden konnte. Doreen und Jeff Brant waren fünf Jahre unglücklich verheiratet, und ihre Unfähigkeit, offen und ehrlich miteinander zu sprechen, wurde durch ständige finanzielle Probleme noch vergrößert. Als Jeff in Denver seine Stelle im mittleren Management verlor, beschlossen sie, zurück nach Wyoming zu ziehen, um näher bei Jeffs Familie zu sein. Sein älterer Bruder Howard hatte ihm eine Stelle in seinem kleinen Versicherungsunternehmen angeboten, erklärte

Jeff, „und wir hofften, daß die Nähe zu unserer Familie uns den dringend nötigen Neuanfang ermöglichen würde".

Aber dieser Umzug erwies sich für die Ehe als verheerend. Der frisch geschiedene Howard begann ein Verhältnis mit Doreen, und nach einem schlimmen Bruch mit der Familie heirateten die beiden und haben jetzt selbst ein Kind.

„Wie zum Teufel konnte er das tun?" fragte sich Jeff. „Howard wußte, daß meine Frau und ich Schwierigkeiten miteinander hatten, und er hat das ausgenutzt. Er hat sich einfach zwischen uns gedrängt." Dieser Betrug wirkte sich besonders schlimm auf Jeffs und Howards jüngere Schwester Meg aus, die heute fünfunddreißig Jahre alt ist. Sie hatte ihren ältesten Bruder immer sehr bewundert. „Howie war mein Held", erinnert sich Meg. „Seit ich klein war, war ich sein Liebling. Er hat mir immer viel mehr Aufmerksamkeit geschenkt als seinen beiden anderen Schwestern. Aber als Doreen auftauchte, vergaß er mich." „Obwohl auch Meg schon damals verheiratet war und selbst zwei kleine Kinder hatte, war sie eifersüchtig und fühlte sich verletzt und betrogen. Seit neun Jahren hat sie nicht mehr mit Howard und Doreen gesprochen. „Ich möchte wieder eine intakte Familie", sagt Meg sehnsüchtig. „Vielleicht wird das eines Tages möglich sein, aber im Moment sind der Schmerz und die Verletzungen zu groß." Howard seinerseits schwankt zwischen einem Gefühl von Reue, weil er die Frau seines Bruders „gestohlen" hat und dem Gefühl, sein Verhalten rechtfertigen zu müssen. „Ich weiß, daß gute Christen keinen Ehebruch begehen", sagt er mit einem Schulterzucken, „aber die Ehe von Doreen und Jeff war von Anfang an nicht in Ordnung. Man kann jemanden nicht verführen, der nicht verführt werden will. Ich weiß, daß dadurch Menschen verletzt wurden, aber es ging nicht anders."

Die unsichtbaren Geschwister

Gefühle von Rivalität können auch durch jemand ausgelöst werden, den ich das unsichtbare Geschwister genannt habe[6] – das heißt, jemand, der nicht Ihr Bruder oder Ihre Schwester ist, aber trotzdem die gleichen positiven und negativen Gefühle wie bei den alten Geschwisterrivalitäten aus der Kinderzeit auslöst. Für Meg Brant war ihre Schwägerin Doreen die unsichtbare Schwester. Sogar als erwachsene Frau kämpfte Meg immer noch um die Liebe und Zuneigung ihres großen Bruders. Als Doreen und Howard heirateten und den Kontakt mit dem Rest der Familie praktisch abbrachen, fühlte Meg sich zurückgesetzt. All die Rivalitätsgefühle, die sie als Kind ihren Schwestern gegenüber empfunden hatte, kamen wieder an die Oberfläche.

Manchmal werden Rivalitäten sogar von einer Generation zur nächsten weitergegeben. Nehmen Sie nur den Fall von Abby, deren Beziehung zu ihrer Kusine Robin sehr von Rivalität geprägt war. Beide Familien lebten in der gleichen Stadt, und die Mütter der beiden Mädchen waren selbst schon seit langem in erbitterten Rivalitätskämpfen gefangen. Ständig versuchten sie sich gegenseitig zu übertreffen und führten den Kampf durch und mit ihren Töchtern fort. Welches Mädchen war intelligenter? Hübscher? Wer hatte zuerst eine Verabredung mit einem Jungen? Wer wurde im besseren College aufgenommen?

---

[6] Verweis Bibliographie.

„Meine Mutter war mir gegenüber gehässig und dominant, aber sie lebte in ständiger Angst vor ihrer älteren Schwester", erinnert sich Abby. In der Folge entwickelte sich bei mir die Furcht, meine Kusine Robin zu ärgern. Mir wurde immer gesagt, daß ich die Dinge von mir abprallen lassen sollte, daß ich nie widersprechen und nie meine Meinung sagen sollte, sonst würden die anderen böse auf mich werden und mich nicht mehr mögen."

Trotz der offenkundigen Rivalität zwischen ihren Müttern versuchten Robin und Abby ihre Gefühle zu begraben und zumindest oberflächlich den Anschein von Freundschaft zu wahren. Aber immer wieder wurde ihre Beziehung auf schwere Probe gestellt. Abby erinnert sich an eine besonders schwierige Zeit während ihrer ersten Schwangerschaft. „Ich hatte über zwanzig Kilo zugenommen und wußte, daß das viel zu viel war. Robin ist Hebamme, war nicht verheiratet und hatte keine Kinder. Sie ließ keine Gelegenheit aus, mich wegen meines Gewichts zu kritisieren. Gleichzeitig versuchte sie, meinen Mann zu verführen. Als mein Kind auf die Welt kam, war ich eine sehr unsichere junge Mutter, und sie piesackte mich immer wieder wegen der Schwierigkeiten, die ich beim Stillen meines Sohnes hatte." Aber auch als Abby ihr seelisches Gleichgewicht wiedergefunden hatte, sprach sie ihre Kusine nicht auf deren Verhalten an. Die beiden Frauen haben nach außen ein herzliches, in Wirklichkeit aber ein sehr kühles Verhältnis zueinander.

Man muß wissen, daß negative Gefühle, die durch ödipale geschwisterliche Rivalität bedingt sind, für ein Kind zwar beängstigend sein, jedoch durchaus auch positive Auswirkungen haben können. Konkurrenz stachelt den Ehrgeiz an und gibt den Antrieb, sich Ziele zu setzen und sich anzustrengen, um sie auch zu erreichen. Es fragt sich nun, wo die Grenze liegt zwischen Wettbewerb und zerstörerischer Rivalität?

Die zerstörerische Kraft der Eifersucht

Der Mangel an Selbstvertrauen entsteht häufig als Nebenprodukt der Unfähigkeit, ödipale Probleme und Rivalitäten mit den Geschwistern zu verarbeiten. Er bringt Menschen dazu, in vielen Bereichen schnell Gefühle der Eifersucht zu erleben. Eifersucht ist einer der Panzer, mit dem sich Menschen vor emotionalen Verlusten schützen wollen. Wenn jemand mit unserem Ehepartner flirtet oder die Stelle anstrebt, die wir zu verdienen glauben – dann werden wir eifersüchtig.

Menschen ohne ausreichendes Selbstvertrauen glauben, daß sie nicht gewappnet sind, um sich gegen einen Rivalen zu behaupten. Sie fühlen sich verwundbar und haben Angst, daß jemand auftauchen und ihnen ihren Besitz entreißen könnte. Wenn sie einen Schönheitswettbewerb, eine Stelle oder einen Geliebten an einen Rivalen verlieren, bringt sie dieser Verlust völlig ins Wanken – weit mehr, als der eigentliche Verlust des Menschen oder der Stelle. Es ist eher der Verlust dessen, was die Person oder die Stelle darstellt. Der Verlust wird für solche Menschen zur Bestätigung eines persönlichen Versagens. Wenn sie zu Wutausbrüchen neigen, kann der Verlust wie ein brennendes Streichholz an einer Stange Dynamit wirken; sie explodieren mit Taten von Rache und Vergeltung. Jeder empfindet von Zeit zu Zeit Eifersucht, aber in der Regel lernt man, sie zu zügeln oder in die richtige Bahn zu lenken. Sie kann sogar als Ansporn wirken. Und wenn man etwas erreicht, entwickelt man Selbstvertrauen und eine dickere Haut, die wiederum helfen, künftigen Bedrohungen standzuhalten.

Ein drohender Verlust kann unsichere Menschen zu irrationalem Verhalten führen. Getrieben von Rivalität und Eifersucht beteiligen sie sich an Verschwörungen, verbreiten Klatsch, manipulieren, täuschen, betrügen und verraten schließlich jeden, der ihnen dabei im Weg steht, den Platz als Nummer Eins einzunehmen oder wiederzugewinnen. Sie sagen nicht direkt, was sie denken, sondern fallen den anderen gerne in den Rücken. Ihr Ziel ist nicht, konstruktive Kritik zu üben, sondern den anderen niederzumachen. Rivalen können so selbstgerecht sein, daß ihre Wut und ihr Bedürfnis nach Rache ein Eigenleben annehmen – ein Phänomen, das ich im siebten Kapitel besprechen werde.

Bereitwillige Opfer? Die Risikofaktoren

Immer wieder treffen Sie in der Liebe und im Beruf auf Rivalen, die Sie beiseite schieben oder in ihrem Vorwärtsstreben über Sie hinweggehen. Trotzdem begegne ich in meiner Praxis vielen Menschen, die gar nicht merken, wie sehr sie sich für einen solchen Vertrauensbruch anbieten. Vielleicht sind auch Sie schon einmal von vermeintlichen Vertrauten verletzt worden ...? Kann man lernen, sich davor zu schützen? Die Antwort lautet „Ja" – aber jeder muß erst seine emotionalen Risikofaktoren erkennen lernen und sich dieser als Warnung bedienen.

Risikofaktor Nr. 1
Sie haben in Ihrem Leben schon mehrfach einen Vertrauensbruch erlebt

Valerie merkte nicht, daß ihr ein Vertrauensbruch nach dem anderen widerfuhr. Als ich sie darauf hinwies, war sie ehrlich überrascht. Im Zweifelsfall ging sie immer davon aus, daß der andere es gut meinte. Dadurch vermied sie, ihn mit ihrer Wut zu konfrontieren. Statt dessen ließ sie zu, daß er seinen Kopf aus der Schlinge zog. Währenddessen schien es kurzzeitig, als würde sie den Verrat nicht überleben, aber sie überstand den Kummer – und ließ die Sache ziemlich schnell hinter sich. Grundsätzlich schaute sie nie zurück. Das Ergebnis war, daß jeder Verrat sie von neuem hart traf. Jedesmal wiederholte sie den Kreislauf von Schock und Schmerz. Jedesmal schwor sie sich, den Betrüger nie wieder zu sehen und nie wieder mit ihm zu sprechen. Aber sobald ihre Wut verflogen war, nahm sie die Beziehung wieder auf und ging naiverweise davon aus, daß der andere sie nie wieder betrügen würde. Oder sie ging eine neue Beziehung ein, ohne sich ausreichend Zeit zu lassen, den seelischen Schaden zu verarbeiten. Kommen Ihnen derartige Situationen bekannt vor? Vergleichen Sie mit vergangenen Erfahrungen und ziehen Sie eine persönliche Bilanz. Ist so etwas schon einmal passiert?

Risikofaktor Nr. 2
Sie sind von wichtigen Leuten in Ihrem Leben verlassen worden

Jeder erfährt in seiner Kindheit das Gefühl des Verlassenwerdens, und jeder reagiert unterschiedlich darauf. Für manche Menschen haben diese Verluste tiefe und bleibende Folgen. Valerie zum Beispiel fühlte sich nach dem Tod ihres Vaters zum ersten Mal verlassen. Als ihre Mutter wieder heiratete, flammten diese schmerzhaften Gefühle wieder auf. Von diesem Tag an kämpfte sie in all ihren Beziehungen darum, die Nummer Eins zu sein.

Geht es Ihnen ähnlich? Machen Sie eine Bestandsaufnahme Ihrer Kindheit. Sind Mitglieder der näheren Familie gestorben oder weggezogen? Wurde die Familie durch eine erbitterte Scheidung zerrissen? Waren enge Familienmitglieder Opfer von Drogen- oder Alkoholmißbrauch? Solche Erfahrungen können Sie einem Verlust gegenüber äußerst empfindlich gemacht haben. Sie sind dann mißtrauisch gegenüber jedem – dem Freund eines Freundes oder dem neuen Kollegen bei der Arbeit –, der Ihren Besitz oder Ihre Privilegien bedroht. Wenn Sie einen vergleichbaren Verlust erlitten haben, haben vielleicht auch Sie das Bedürfnis, Ihren Wert unter Beweis zu stellen und mit anderen zu konkurrieren. Sie wollen sich als Gewinner fühlen und den früheren Verlust vergessen machen. Wenn Sie versuchen, alte Wunden in neuen Beziehungen zu heilen, setzen Sie sich potentiell neuen Vertrauensbrüchen aus. Oder aber sie verraten jemanden. Wenn Sie der Beste sind, werden Sie schließlich nie wieder verlassen.

Risikofaktor Nr. 3
Sie lassen sich auf eine Dreierbeziehung ein

Menschen, die Dreiecksbeziehungen suchen – wie Melissa und Carly oder wie Jenny, Ellen und Ethan –, sind besonders stark der Gefahr eines Vertrauensbruchs ausgesetzt. Solange die seelischen Grenzen respektiert werden, kann eine Dreierbeziehung funktionieren, auch wenn sie grundsätzlich problematisch ist. Wenn Sie aber merken, daß Eifersucht Ihnen Stiche versetzt, dann seien Sie nicht naiv: Eine Dreierbeziehung trägt immer ein selbstzerstörerisches Potential in sich.

Schauen Sie sich das Muster Ihrer Kontakte und Konflikte mit anderen Menschen an. Achten Sie darauf, wann Sie sich unbehaglich fühlen; vielleicht müssen Sie Grenzen setzen, um sich zu schützen. Fragen Sie sich ganz offen, ob Sie sich oft dazu bewegen lassen, Ihre Zeit, Ihren Besitz und Ihre Einfälle mit jemand zu teilen. Haben Sie sich schon einmal überlegt, ob Sie zuviel geben und zuwenig zurück bekommen?

Risikofaktor Nr. 4
Sie müssen die Nummer Eins sein

Beurteilen Sie ganz ehrlich Ihren persönlichen Stil. Sind Sie sehr konkurrenzorientiert? Überlegen Sie sich, wie andere Sie wahrnehmen. Sind Ihre Freundschaften kurzlebig? Haben Ihre Kollegen etwas gegen Sie? Vielleicht haben Sie das Gefühl, daß jemand beruflich oder in der Liebe mehr bekommt als Sie; mehr Geld oder mehr Aufmerksamkeit, daß er das „Lieblingskind" ist. Sie fürchten oft um Ihre Position.

Alte Rivalitäten können Sie noch beeinflussen, gleichgültig, ob Sie gegenwärtig eine gute Beziehung zu Ihren Geschwistern haben, mit ihnen streiten oder schon seit Jahren keinen Kontakt mehr mit ihnen haben. Viele Menschen werden sich der offensichtlichen Parallelen erst bewußt, wenn man sie darauf hinweist. Ebenso wie Abby und die Mitglieder der Familien Brant stellen Sie vielleicht fest, daß Sie mit jemand kämpfen, der Sie emotional oder physisch an einen Bruder oder eine Schwester erinnert. Vielleicht ist er oder sie in einem ähnlichen Alter, sieht ähnlich aus, hat einen ähnlichen Namen oder einen ähnlichen Posten. Ein Gefühl von Vertrautheit treibt Sie dazu, sich dominant zu verhalten, obwohl Ihnen das selbst rätselhaft erscheint. Vielleicht verhalten Sie sich sogar betrügerisch. Sie merken nicht, daß Sie sich in Konkurrenz zu unsichtbaren Geschwistern befinden. Denken Sie darüber nach, wie Sie heute mit Menschen umgehen. Reagieren Sie mit Trauer, Ärger, Wut oder Gefühlen der Wertlosigkeit, genauso, wie Sie es taten, als Sie noch jünger waren? Kommt es vor, daß Freunde, Kollegen oder Partner die alten Gefühle von Eifersucht und Groll hervorrufen, die Sie veranlassen, sich unter Beweis zu stellen? Wenn Sie solche rivalitätsbetonten Beziehungen eingehen, dann versuchen Sie, das Drehbuch so umzuschreiben, daß Sie diesmal der Gewinner sind.

Sichere Methoden, um Rivalen auszumachen

- Sie wollen Sie immer übertreffen. Wenn Sie erzählen, daß Ihr Sohn bei den Jahrgangsbesten ist, erzählen sie, daß ihr Sohn bei der Abschlußfeier die Rede halten darf. Seien Sie auf der Hut: Auch was negative Erfahrungen anbelangt, wollen Rivalen Ihnen eine Nasenlänge voraus sein. Wenn Sie Ihrer Freundin erzählen, daß Ihr Kind die ganze Nacht mit Ohrenschmerzen wachlag, wird sie berichten, daß ihr Kind eine Halsentzündung und 40°C Fieber hatte.
- Sie lassen sich selbst gut dastehen, indem sie Sie herabsetzen. Ihre Kinder, Ihr Ehepartner, alles muß herhalten.
- Sie vergleichen sich ständig mit Ihnen. Ihre Unterhaltung ist gespickt mit persönlichen Fragen, die Ihnen nicht schmeicheln, sondern Ihnen Unbehagen

bereiten: Was haben Sie beim Schlußverkauf gekauft? Wo haben Sie am letzten Wochenende in der Stadt gegessen? Wieviel Gehalt bekommt man auf Ihrer Ebene?

- Sie unterstützen Sie weder im Beruf noch bei Freunden oder Familienmigliedern. Wenn jemand Sie kritisiert, schweigen sie, statt Unterstützung anzubieten oder zu kontern.
- Sie wollen Ihnen alles schlecht machen: „Warum hast du dir bloß die Haare schneiden lassen?" fragen sie: „Als es länger war, sah es so gut aus." „In *das* Restaurant willst du gehen? Als ich das letzte Mal da war, war das Essen wirklich nicht besonders gut."

Soforthilfe: Was Sie tun können, um einem Rivalen eine Abfuhr zu erteilen

Wenn Sie einen Rivalen schon früh zur Rede stellen und Grenzen setzen können, dann sind Sie möglicherweise in der Lage, einen Verrat abzuwenden und die Beziehung wieder ins Lot bringen.

Statt Ihre Rivalen zur Rede zu stellen, lassen Sie sie wissen, daß Sie ihre Pläne durchschauen. Sie können sagen: „Warum mußt du dich immer mit mir vergleichen? Merkst du, daß du alles nur negativ kommentierst?"

5. Kapitel Bewunderer: „Du bist der Beste"

Im Leben jedes Menschen gibt es andere Menschen, zu denen man aufschaut – Eltern, ältere Geschwister, Lehrer, Freunde, Mentoren, berühmte Persönlichkeiten und Helden. Diese Menschen inspirieren und motivieren uns, sie machen uns Mut. Wir identifizieren uns mit ihnen, achten sie, verinnerlichen ihre Qualitäten, und bis zu einem gewissen Grad formen wir unsere Identität nach ihrem Bild. Wir wenden uns ihrer Klugheit wegen an sie, und richten unser Verhalten, unsere Ansichten und Werte nach ihren. Sie stehen für alles, was in uns gut und stark ist, und was wir erstreben: ihre Intelligenz und ihre Leistungen, ihre Attraktivität, ihre Stärke und ihren Sinn für Humor.

In einer ausgewogenen Beziehung zwischen Erwachsenen beruht die Bewunderung auf Gegenseitigkeit. Man spiegelt das Beste im anderen wider und holt das Beste aus dem anderen heraus. Das bietet beiden Vorteile. Sie sind stolz auf den anderen und können akzeptieren, daß er ebenso stolz auf Sie ist. Eine Beziehung, die auf Bewunderung gründet, kann allerdings eine zweischneidige Angelegenheit sein.

Ebenso wie es eine Grenze zwischen gesunder Rivalität und zerstörerischer Eifersucht gibt, gibt es auch eine Grenze zwischen normaler Bewunderung und Neid – zwischen einer Person, die so sein will wie Sie, und einer, die Sie selbst sein will –, zwischen der Sehnsucht nach dem, was Sie besitzen, und dem Anspruch auf das, was Sie haben. Solange zwei Menschen gleichermaßen bewundern und bewundert werden, ist alles in Ordnung. Aber wenn sich die Bewunderung des einen in Neid verwandelt, ist es vielleicht nur eine Frage der Zeit, bis die Beziehung leidet, weil es zu Vertrauensbrüchen und Enttäuschungen kommt. Seien Sie vor derartigen Veränderungen auf der Hut. Eifersucht beruht auf der Furcht, daß jemand einem einen Menschen oder einen Gegenstand wegnehmen könnte, der Quelle von Liebe und Fürsorge ist. Im Gegensatz dazu beruht Neid auf einem tiefen Gefühl des Mangels, dem verzweifelten Verlangen nach dem, was der andere besitzt. Gefühle der Unzulänglichkeit und eben dieses Mangels stehen im Zentrum des Leids, von dem immer mehr Menschen betroffen sind. Während andere Generationen ein Gefühl dafür hatten, daß das Leben Grenzen setzte, wuchsen die Sprößlinge des Baby-Booms mit der Überzeugung auf, daß sie alles bekommen könnten, wenn Sie sich nur darum bemühten. Die harten neunziger Jahre lehren uns, daß es einfach nicht genug von allem gibt – gute Stellen, hohe Gehälter, Kreativität etc.

Wenn Erwartungshaltungen durchkreuzt werden, nähren viele Menschen das Gefühl, das Leben sei ungerecht. Und wenn dieses Gefühl nicht relativiert wird, machen sie vor nichts halt, um ihre Ansprüche zu erfüllen.

Mit böser Absicht gegen alle

Viele Menschen merken einfach nicht, wenn die Gefühle eines ihrer Bewunderer sich in Neid verwandeln und sich dann ihre Beziehung verschiebt. Sogar sehr kritische Menschen haben Schwierigkeiten, solche subtilen Veränderungen früh genug zu erkennen, um sich schützen zu können. Rivalen wollen Ihnen nehmen, was Sie haben, weil Sie mit leeren Händen dastehen sollen. Bewunderer hingegen wollen das gleiche haben wie Sie. Nach dem Motto: „Was deins ist, soll auch meins sein."

Eine Bewunderin will Sie nicht unbedingt schädigen. Sie will einfach wie Sie sein und alles erben, was Sie besitzen. Sie heißen eine Bewunderin in Ihrem Leben willkommen, weil sie Ihr größter Fan ist und Ihr Selbstwertgefühl stark verbessert. Sie sonnen sich in ihrer Verehrung und sind bereit, alles zu tun, um ihr zu helfen und ihr Lob zu verdienen: Auch Sie bewundern sie für ihre Leistungen und haben das Gefühl, daß sie Ihr Leben bereichert. Wenn Sie Ihre Kräfte vereinen, fühlen Sie sich beide stark.

Wenn das Pendel aber zu stark nach einer Seite ausschlägt, werden Sie sich am Ende betrogen fühlen. So ging es Helen. Sie war leitende kaufmännische Angestellte in einer Werbeagentur. Als sie Kimberly als Assistentin in ihrer Abteilung einstellte, war sie von der Intelligenz und dem Enthusiasmus der jungen Frau beeindruckt. Helen investierte immens viel Zeit und Energie, um Kimberly beim Erwerb der erforderlichen Kenntnisse zu helfen – sie stellte sie wichtigen Leuten in der Firma vor, ließ sie an Besprechungen teilnehmen und verschaffte ihr sogar Zugang zu ihrer Adresskartei.

Sie bereitete Kimberly eindeutig darauf vor, die Abteilung zu leiten, wenn sie selbst auf Geschäftsreisen war. Kimberly schien mehr als dankbar: Sie bewunderte Helen und bestaunte ihre Fähigkeit, so viel zu arbeiten und gleichzeitig anderen gegenüber so freundlich und hilfsbereit zu sein. Geschmeichelt bemerkte Helen, wie

Kimberly ihr in Kleidung und Frisur nacheiferte – und sie lachte in sich hinein, als Kollegen ihr erzählten, daß ihre neue Assistentin sie sogar am Telefon nachahmte. Kimberly erinnerte Helen an ihre jüngere Schwester Gillian, zu der sie immer gern eine engere Beziehung gehabt hätte, die ihre Hilfe und Ermutigung aber zurückgewiesen hatte.

In den nächsten Monaten war Helen stolz auf ihre talentierte junge Entdeckung und schob ihr oft lohnende Aufgaben zu. Sie achtete nicht auf Kleinigkeiten, die ihr erst im nachhinein ein klares Bild von den Absichten der jungen Frau gaben. Zum Beispiel verließ Helen bei einer Besprechung ihrer Abteilung den Raum, um einen Anruf entgegenzunehmen. Kimberly nahm buchstäblich ihren Platz ein und setzte sich direkt neben den Leiter der Werbeabteilung. „Ich habe das abgetan", sagt Helen im Rückblick. „Ich habe einfach geglaubt, daß sie sich die Texttafeln näher anschauen wollte, die er uns zeigte."

Natürlich war Helen entsetzt, als sie erfuhr, daß Kimberly heimlich zu Helens Vorgesetztem gegangen war und um dieser einen bestimmten Auftrag auszuspannen. Schließlich bekam Kimberly die begehrte Aufgabe, wurde auf die gleiche Ebene befördert wie Helen und zog in das Büro auf der anderen Seite des Flurs.

„Um ehrlich zu sein, dreht sich mir immer noch alles", gab Helen zu. „Ich komme mir so übertölpelt vor. Ich hätte nicht eine Minute geglaubt, daß Kimberly so etwas tun könnte. Meine Interessen schienen ihr immer sehr am Herzen zu liegen. Außerdem hatte sie auch soviel zu verlieren, wenn sie mich vor den Kopf stieß."

Bitte anschnallen; es wird eine holperige Fahrt

Wie Helen entdecken mußte, kann ein Bewunderer jemand sein, den Sie beruflich fördern, der aber hinter Ihrem Rücken um eine Beförderung rangelt, die eigentlich Ihnen zusteht. Es kann die schüchterne neue Nachbarin sein, die Sie Ihrem Freundeskreis vorgestellt haben, um später zu entdecken, daß sie ein Verhältnis mit Ihrem Mann begonnen hat. Oder es kann ein Studienfreund von der Universität sein, der ganz unschuldig mit Ihrer Freundin flirtet, und sie Ihnen schließlich ausspannt.

Anders als Rivalen („Möge der Beste gewinnen") sind Bewunderer Menschen, die zu Ihnen aufschauen und dann in ihrem Bestreben, genausogut oder sogar besser zu sein, über Sie hinweggehen. Diese Dynamik wird in dem Filmklassiker *Alles über Eva* ausgezeichnet dargestellt. Bette Davis spielt Margo Channing, einen Broadway Star, auf dem Höhepunkt ihrer Laufbahn. Als sie ihrem Verlobten die neue Assistentin beschreibt, sagte sie: „Sie denkt immer an mich; das ist so schmeichelhaft." Darauf antwortet ihr Verlobter: „Sie denkt über dich nach ... sie studiert dich."

In der Tat ist Schmeichelei der Köder der Bewunderer; sie halten Sie damit am Haken, während sie Ihre Energie und Ihren Besitz verschlingen und in Ihre Welt eindringen.

Warum sehnen sich manche Leute so sehr nach Bewunderung, daß sie alles dafür tun würden? Warum sind andere so leichtgläubig, daß sie echtes Lob und tatsächliche Bewunderung nicht von falschen unterscheiden können und den Hintergedanken von Neidern auf den Leim gehen? Die Wurzeln für beide Bedürfnisse liegen in der kindlichen Entwicklung der als narzißtischen Persönlichkeit. Ein Narzißt begeht leicht einen Vertrauensbruch, weil er sich dazu berechtigt fühlt. Er ist rücksichtslos, weil für ihn einzig die eigenen Bedürfnisse zählen. Möglicherweise merkt er wirklich nicht, daß er Grenzen verletzt, weil er alles, was Ihnen gehört, auch als das Seine ansieht.

Narzißmus wird definiert als Selbstliebe oder als jedes intensive und übertriebene Interesse für die eigene Erscheinung, Bequemlichkeit, Bedeutung oder die eigenen Bedürfnisse. Der Name kommt von Narziß, einem jungen Gott aus der griechischen Mythologie. Hochmütig lehnte er ganze Legionen von Verehrern ab. Zur Strafe wurde er dann verdammt, verliebt sein eigenes Spiegelbild im Wasser zu betrachten, bis er dahinschwand und starb. Laut dem Forscher Heinz Kohut, der in den sechziger Jahren den Schwerpunkt seiner Arbeit auf dieses Thema legte, überschätzen Narzißten oft ihre Fähigkeiten und blähen ihre Leistungen auf. Sie sind prahlerisch und anmaßend und glauben, daß ihre Bedürfnisse wichtiger und ihre Leistungen größer sind als die aller anderen. Sie haben nur wenig Geduld mit den Gefühlen, Bedürfnissen und Belangen anderer. Narzißten sind die Menschen, die den „besten" Arzt in der Stadt haben, deren Kind auf die „beste" Schule geht, die immer und ausnahmslos den besten Ferienort aussuchen.

Aber trotz der Schau, die Narzißten ständig abziehen, ist ihr Selbstwertgefühl ziemlich labil. Sie beschäftigen sich ständig damit, wie gut sie etwas machen und was andere über sie denken. Sie sehnen sich nach Aufmerksamkeit und bringen Schrecken und Überraschung zum Ausdruck, wenn das Lob nicht kommt, das sie zu verdienen glauben. Sie sind überempfindlich gegenüber Fehlschlägen, Enttäuschungen und Kränkungen und suchen die Zustimmung anderer, um ihr Selbstwertgefühl aufrecht zu erhalten.

Ein gewisses Maß an Narzißmus ist normal und gesund. Es ist wichtig, daß man zufrieden mit sich und stolz auf seine Leistungen ist. Nur dann ist man auch fähig, sich ehrlich über die Erfolge anderer zu freuen. Wenn die seelischen Bedürfnisse der Kindheit aber nicht erfüllt wurden, wächst das Potential für unausgeglichene Beziehungen.

Wie ich im ersten Kapitel erwähnt habe, spielen die Eltern eine wichtige Rolle dabei, ihrem Kind dabei zu helfen, ein starkes Gefühl der Selbstsicherheit zu entwickeln, wie auch die Überzeugung, daß andere für es da sein werden. Für ein Kind sind seine Eltern die ersten Helden. Es idealisiert sie und versucht, ihren Stärken, ihrer Weisheit und ihrer Macht nachzueifern. In den ersten Jahren empfinden Kinder keine Trennung zwischen sich und dem mächtigen Anderen (meist der Mutter), der sie mit Liebe und Zuneigung versorgt. Deswegen sind sie „eins" mit ihr und teilen ein Gefühl der Allmacht mit ihr.

Dieses Gefühl der Grandiosität wird mit der Zeit durch soziale Zwänge eingedämmt und dadurch, daß das Kind seine eigene Welt beherrschen lernt. Aber wenn es nicht gemäßigt wird, kann das Kind nicht lernen, sich und seine Leistungen von anderen zu trennen. Genau das ist typisch für einen Narzißten.

Aus diesem Grund strahlen sie ein klares Anspruchsdenken aus. Sie glauben, daß sie genau das haben sollten, was andere besitzen. Aus diesem Gefühl der Rechtschaffenheit entspringt die Verachtung, die Bewunderer zu Selbstsucht und Ausbeutung treibt. Sie können jemanden idealisieren – und ihn gleichzeitig abwerten, wenn er sie nicht in der erwarteten Weise unterstützt. Narzißten werten Leistungen anderer ab und sind überzeugt, mindestens genausogut zu sein.

Eltern fördern unwissentlich den kindlichen Narzißmus, wenn sie nicht als Spiegel für die einzigartigen Talente, Eigenschaften und Fähigkeiten ihrer Sprößlinge dienen. Idealerweise zeigen Eltern, wie stolz sie auf die Leistungen ihrer Kinder sind. „Mami, Mami, schau mal!" ruft ein Kind, wenn es zum ersten Mal auf seinem Rad fährt oder vom Drei-Meter-Brett springt. Wenn die Mutter erfreut ausruft: „Gut! Das war großartig!" dann entwickelt das Kind ein Gefühl von Stolz, Selbstvertrauen und Selbstsicherheit. Wenn ein Elternteil aber den Leistungen des Kindes keine Beachtung schenkt, beginnt es sich seiner selbst und seiner Leistungen unsicher zu werden. Fehlt dieser Zuspruch, sucht das Kind sie anderswo – und begibt sich auf eine oft lebenslange Suche nach Aufmerksamkeit und Anerkennung.

Das Bedürfnis eines Kindes nach elterlicher Aufmerksamkeit ist nicht nur in Momenten des Triumphs sehr wichtig, sondern auch in Zeiten der Enttäuschung. Wenn ein Kind vom Rad fällt und seine Mutter da ist, um mitzufühlen und es über den Schmerz zu trösten, lernt es bald, sich selbst zu beruhigen und zu trösten. Wenn die Mutter nicht in der Nähe ist oder keinen Trost bietet, wird das Kind vielleicht von Wut und dem Gefühl der Hilflosigkeit überwältigt. Es erfährt keine Erleichterung oder Beruhigung und keiner zeigt ihm, wie es sich nach einem Fehlschlag wohler fühlen kann. Es konzentriert sich voll darauf, wie es seinen eigenen Kummer lindern und sich wieder gut fühlen kann. Als Erwachsene sind solche Menschen oft gefühllos und interessieren sich nicht für den Schmerz und die Beschwerden anderer. Es mangelt ihnen an Einfühlungsvermögen, und sie können die Wirkung, die ihr Verhalten auf andere hat, selbst abschätzen.

Was hast du in letzter Zeit für mich getan?

Die langjährige Freundschaft zwischen Myra und Sophia veranschaulicht, wie Narzißmus sich auf eine Beziehung auswirkt. Anfangs bewunderten sich beide Frauen, aber im Laufe der Zeit verschob sich das Gleichgewicht: Myra bewunderte mehr und gab mehr, als sie bekam. In der anscheinend liebevollen Beziehung war es schon zu mehreren Vertrauensbrüchen gekommen. Dennoch war Myra nicht bewußt, wie wenig Sophia auf ihr Wohlergehen achtete. Sie hielt an der Erwartung fest, daß Freunde Gefälligkeiten erwidern.

„Wir waren wie Schwestern", erinnert sich Myra. Sie ist Lektorin und Schriftstellerin und lebt in einem Vorort von San Diego. „Ich mochte sie, und ich mochte ihre Kinder. Es kam mir vor, als seien es meine eigenen. Wir feierten Geburtstage und Feiertage zusammen. Es gab nichts, was ich nicht für sie getan hätte. Sie gab mir das Gefühl, äußerst wichtig zu sein. Sie erzählte mir immer wieder, wie klug ich sei, wie hilfsbereit und daß sie in ihrem Leben nie ohne mich zurechtkommen würde. Ihr Lob ging mir über alles."

Weil sie wußte, daß Sophia und ihr Mann finanzielle Probleme hatten, lieh Myra ihrer Freundin Geld. Dabei war die Lage bei ihr zu Hause auch ziemlich angespannt. Sophia konnte zum Abendessen kommen, wann immer sie wollte. Myra setzte sich dafür ein, daß Sophias Sohn zu einem sehr begehrten Studiengang zugelassen wurde und empfahl Sophia sogar für eine Stelle. Wenn Sophias Auto in der Werkstatt war, chauffierte Myra sie buchstäblich durch die Stadt. Immer war sie diejenige, die zum Hörer griff und Unternehmungen vorschlug. „Sophia rief mich nie an, um sich bei mir zu bedanken oder ihre Anerkennung auszusprechen.

Warum habe ich damit also weitergemacht? Weil es für mich das Selbstverständlichste von der Welt war. Es war nie eine Last, etwas für Sophia zu tun, es war immer eine Freude. Ihre Familie war mir so lieb wie meine eigene. Irrtümlicherweise glaubte ich, daß sie das gleiche für mich tun würde."

Anscheinend tat sie das auch gelegentlich. „Ich schätzte unsere Freundschaft sehr hoch. Wir haben über alles gesprochen – private Details über unsere Familie, unsere Ehe und unsere Kinder. Sie suchte bei mir immer nach Antworten, die ihr den richtigen Weg zeigen sollten. Ich fühlte mich so wichtig. Sophia war für mich die enge Familie, die ich als Heranwachsende nicht gehabt hatte. In meinem Leben hat es einige Freunde gegeben, die wie eine Familie für mich waren, und Sophia war eine davon." Oft nährt dieses Zugehörigkeitsgefühl – dem Gefühl sehr verwandt, das man für seine wirkliche Familie empfindet – ein besonderes Verantwortungsgefühl, für den Bewunderer. Es wird dann als ein sehr schmerzhafter Vertrauensbruch empfunden, wenn der Bewunderer sich nicht revanchiert. Fehlende Gegenseitigkeit führt oft zu Streitigkeiten in der Beziehung.

Ab und zu kam Myra der flüchtige Gedanke, daß ihre Freundschaft Sophia vielleicht weniger bedeuten könnte als ihr. So zum Beispiel, als Sophia sich weigerte, auf Myras Kinder aufzupassen, damit Myra zu einem Vorstellungsgespräch gehen konnte. Oder angesichts ihres mangelnden Enthusiasmus, als Myra einen bedeutenden Preis gewonnen hatte.

„Ich denke, auf eine gewisse Art habe ich gespürt, daß die Beziehung nicht auf Gegenseitigkeit beruhte, aber ich habe alle offensichtlichen Zeichen beiseite geschoben und über Sophias gelegentliche Kälte hinweggesehen. Ich wollte nicht glauben, was direkt vor meiner Nase geschah." Andere Freunde sagten zu ihr: „Schau mal, wie sie dich ausnutzt! Wie kannst du sie so entschuldigen?" Aber Myra erklärt: „Ich habe im Zweifel angenommen, daß sie es gut meinte. Ich habe es nicht zur Sprache gebracht. Nie habe ich gesagt: „Wie konntest du so etwas tun?" Unsere Beziehung war mir so wichtig." Es ist typisch für den Bewunderer, daß sie Ihre Kraft benutzen, um selbst mehr Kraft zu bekommen; wenn Sie nicht mehr gebraucht werden, werden Sie entbehrlich. Als Sophia sich für eine Teilzeitstelle bei der Lokalzeitung bewarb, um die sich Myra bekanntermaßen bemühte, konnte selbst Myra keine Erklärung mehr für den Vertrauensbruch finden.

Wie andere Opfer solcher Vertrauensbrüche, begann Myra, ihre Intuition in Zweifel zu ziehen und auch jede andere Beziehung in ihrem Leben in Frage zu stellen. „Ich war immer stolz auf meinen Instinkt gewesen", sagt Myra, „aber diesmal hatte ich das Gefühl, regungslos vor einem Zug zu sitzen, der auf mich zufuhr. Ich wußte, was ich zu tun hatte – aus dem Weg gehen –, aber ich brachte es nicht fertig." Myra konnte ihrer besten Freundin nicht mehr vertrauen. Und sie konnte auch sich selbst nicht mehr trauen.

„Es hat sehr weh getan", gibt Myra zu. „Und ich komme mir wie eine Idiotin vor, aber ich weiß einfach nicht, was ich tun soll. Wie konnte ich sie so falsch einschätzen? Und um es noch schlimmer zu machen, wünsche ich mir immer noch verzweifelt, mit ihr befreundet zu sein."

Nach einiger Zeit zwang Myra Sophia dazu, mit ihr über die Veränderungen in der Freundschaft zu sprechen. Aber nach dem Gespräch war nicht Sophia, sondern Myra in Tränen aufgelöst. „Als ich sie schließlich fragte, warum sie mich immer etwas für sie tun ließ, aber umgekehrt nur selten Hilfe anbot, antwortete sie mit ganz ruhiger Stimme: „Naja, du hast es mir doch angeboten." Das traf mich wie ein Keulenschlag", sagt Myra. „Sie glaubte, ein Recht darauf zu haben, ihr lag überhaupt nichts an mir. Im Grunde ließ sie jetzt durchleuchten, daß unsere ganze Freundschaft eine Farce gewesen war. Das hat mich am meisten verletzt. Sie hat mich einfach fallen lassen. Beim Verlust einer solchen Freundschaft, fühlen Sie sich wirklich, als hätten Sie einen Teil Ihrer selbst verloren, denn das Wesentliche bei einer Beziehung, die auf Bewunderung beruht, ist die intensive Verbundenheit mit dem anderen.

Für die narzißtische Sophia war Myra ein leichtes Opfer. Hätte sie sich nicht so verzweifelt eine Freundschaft und eine Familie gewünscht, dann hätte sie gemerkt, daß Sophia nie etwas von sich hergab. Myra erwartete, daß Sophia sich revanchierte; aber ein klassischer Zug des Narzißten ist, daß er nie einen Gefallen erweist, wenn es ihm nicht paßt. Sophia bot an, Myras Kleidung zur Reinigung zu bringen, *wenn* sie ohnehin dorthin fuhr. Aber wenn Myra sie bat, sich für sie Umstände zu machen – zum Beispiel, als sie sie bat, auf ihre Kinder aufzupassen, damit sie zu dem Vorstellungsgespräch gehen konnte –, lehnte Sophia ab. Sie „hatte einfach so viel zu tun". „Es wäre eine Zumutung." Und zum Schluß hatte Myra ein schlechtes Gewissen, weil sie überhaupt gefragt hatte.

Narzißten wie Sophia drehen sich mit dem Wind. Ihre Bedürfnisse beziehen sich immer auf den Augenblick. Alles, was sie kennen und fühlen, ist ihre momentane Enttäuschung und ihr Ärger. Einen Tag erscheinen sie offen, freundlich und liebevoll, und am nächsten, wenn Sie einer Bitte nicht nachkommen, ziehen sie sich beleidigt zurück. Sie können eine langjährige Beziehung ohne Erklärung „wegwerfen".

Bewunderer geben manchmal auch Versprechen. Und vielleicht haben sie sogar vor, sie zu halten; sie tun es aber nie. Das mußte Eliot erfahren, als er sich auf Barry, seinen Freund aus den Kindertagen verlassen wollte. Barry war außerordentlicher Professor an einem renommierten geisteswissenschaftlichen College. Er sollte für Eliots Sohn eine Empfehlung an die Universität schreiben.

„Im Laufe der Jahre habe ich Barry oft einen Gefallen getan", erinnert sich Eliot. „Und als ich ihn anrief und ihn bat, uns zu helfen, zeigte er sich hilfsbereit. Er versicherte mir, daß er ein guter Freund des Vorsitzenden der Aufnahmekommission und der Brief schon so gut wie geschrieben sei. Als mein Sohn nicht angenommen wurde, riefen wir an, um nach den Gründen zu fragen. Wir waren sehr bestürzt, als wir erfuhren, daß Barry gar nicht geschrieben hatte", sagte er und verfällt in Schweigen. „Ich kann immer noch nicht fassen, daß er mich so getäuscht hat."

Wie Eliot gehen viele Leute davon aus, daß ein vertrauter Freund für sie da sein wird – um sie für eine höhere Position zu empfehlen oder in ihrem Interesse jemand anzurufen. Sie würden schließlich das gleiche für ihn tun. Wenn die Stelle ihnen aber nicht angeboten, die Empfehlung nie geschrieben wird oder der Anruf nie erfolgt – dann fallen sie aus allen Wolken. Sie müssen entdecken, daß jemand, auf den sie gezählt hatten, seine Bedeutung, Fähigkeiten oder Beziehungen überschätzt hat. Schlimmer ist, wenn sie herausfinden, daß ihr „Freund" einfach keine Mühe auf sie verschwenden wollte.

So wird das, was als gegenseitige Bewunderung begonnen hat, zu selbstsüchtiger Bewunderung. Derjenige, der anfangs am meisten hatte – sei es Status, Macht oder Geld –, läuft Gefahr, am meisten zu verlieren. Unglücklicherweise kann jemand ein so großes Bedürfnis nach Zuneigung, Bewunderung und Zugehörigkeit haben, daß er die Realitäten verzerrt. Statt klar zu sehen, was vorgeht, bleibt er naiv, er nimmt die selbstsüchtigen Motive anderer nicht wahr und merkt nicht, daß ein Vertrauensbruch stattgefunden hat. Aus all diesen Gründen ist eine Freundschaft mit einem Narzißten problematisch. Obwohl die Gefühle eines Narzißten echt scheinen können, sind sie in Wirklichkeit oberflächlich und mit Neid, Verachtung oder Wut durchsetzt. Ein Narzißt will mit Ihnen befreundet sein oder eine Beziehung mit Ihnen haben, so lange es sich für ihn lohnt. Schließlich sind Bewunderer nicht wirklich an Ihnen interessiert. Sie sind an dem interessiert, was Sie für sie tun können.

Sie verstehen es einfach nicht

Der Verrat eines Bewunderers am Arbeitsplatz ist besonders schwer auszumachen. Oft ist einfach nicht klar, wo die persönliche Freundschaft endet und die geschäftliche Beziehung beginnt. Bewunderer nutzen diese Unsicherheit aus und profitieren von Ihrer Freundschaft. So erzählte mir ein Anwalt: „Meine Freunde bezahlen mich nie. Als Freund sollte man doch auch die materiellen Bedürfnisse des anderen respektieren. Und verstehen, daß es Zeit kostet, einen Vertrag durchzusehen oder Schriftsätze bei Gericht einzureichen. Aber meine Rechnungen liegen wochenlang herum, und ich muß mehrmals um die Zahlung bitten. Es ist peinlich; es macht mich verrückt, und es belastet die Freundschaften.“ Dieser Mann war verwirrt und ärgerte sich, daß seine Freunde sich so selbstsüchtig verhielten. Wären es normale Mandaten gewesen, hätte er seinen Buchhalter anrufen und sie mahnen lassen.

Candace, Inhaberin eines Geschäftes für Graphik-Design, erlebte auf ähnliche, allerdings viel schmerzhaftere Art, wie Freundschaft und berufliche Ziele kollidieren können. Candace stellte Ruth als Assistentin an – eine intelligente und gewinnende Frau, die zwei schulpflichtige Kinder hatte. Zwischen den beiden Frauen entwickelte sich sofort ein guter Kontakt. Ruth arbeitete für Candace, aber die beiden waren viel eher zwei Freundinnen als Chefin und Angestellte.

„Nachdem ihre Kinder nun etwas größer waren, wollte Ruth unbedingt wieder arbeiten“, erklärte Candace. „Sie hatte eigentlich keine Ausbildung, aber ich wollte ihr eine Chance geben. Und ich dachte, daß mein Instinkt richtig war, es stellte sich nicht nur heraus, daß sie sehr hart arbeitete, sondern es machte auch unglaublich viel Spaß mit ihr. Ich teilte mein Wissen gerne mit ihr. Aber ich dachte, daß sie auch für mich da wäre. Meine Mutter hatte einen Schlaganfall und schwebte wochenlang in Todesgefahr. Während dieser Zeit sah ich Ruth als meinen Fels in der Brandung. Ich zählte darauf, daß sie die Firma leitete und mir in all der Qual eine Stütze wäre.“

Natürlich war Candace erschüttert, als Ruth ohne Vorwarnung eine Konkurrenzfirma eröffnete. Candace war mit der Krankheit ihrer Mutter beschäftigt gewesen. Sie hatte keine Ahnung, daß Ruth ihr heimlich den Kundenstamm wegnahm, indem sie günstigere Angebote machte. Trotz ihrer Erschütterung war Candace nicht dazu in der Lage, ihre Freundin zur Rede zu stellen. Sie ging auf Distanz, hoffte aber immer noch, die

Beziehung aufrecht erhalten zu können. Das ging so lange, bis Ruth eines Abends ihre schwarze Lieblingsjacke auslieh und sie ihr mit einem Brandloch zurückgab. „Das hat das Faß zum Überlaufen gebracht. Ich merkte, daß ich in dieser Beziehung buchstäblich verbrannt wurde. Ich war wütend auf sie und auch auf mich selbst, weil ich mir das so lange von ihr hatte gefallen lassen."

Wie andere Bewunderer hatte Ruth eine Grenze nach der anderen verletzt. Candace war sich dessen nicht bewußt und auch nicht in der Lage, es zu sehen. Trotzdem meinte Ruth, ein reines Gewissen zu haben. In ihren Augen hatte sie den ganzen Kleinkram erledigt und sich täglich mit den Problemen der Kunden beschäftigt. Warum sollte sie sie also nicht für ihre neue Agentur abwerben? Ruth war, wie viele narzißtische Menschen, empört, als sie von Candace zur Rede gestellt wurde.

Selbst wenn man merkt, daß man von einem Bewunderer getäuscht wurde, kann man sich aus der Beziehung manchmal nicht befreien. Während ihres letzten Studienjahres war Audrey in eine solche Beziehung verwickelt. Graham war ein Kommilitone von ihr. „Wir lernten zusammen, und er war mein bester Freund", erzählt Andrey. „Wir konnten über alles und jedes reden. Er erzählte mir immer wieder, wie intelligent ich sei, wie gut ich mich ausdrücken könnte und daß er sich wünschte, er könnte seine Ansichten so überzeugend darstellen wie ich."

Als Audrey sich entschloß, als Vorsitzende des Studentenparlaments zu kandidieren, war Graham der erste, dem sie davon erzählte. „Er war mein größter Befürworter", erinnert sie sich. Es war ein großer Schreck, als sie erfuhr, daß ihr vertrauter Freund auch seinen Namen auf die Liste hatte setzen lassen. „Als ich ihn fragte, warum er das getan hatte, war er überrascht, daß ich sein Verhalten in Frage stellte. Er sagte, daß er seine Kandidatur zurückziehen würde, wenn ich das wollte, und auf einmal hörte ich mich sagen: ‚Aber nein, tu das nicht." Statt dessen kam ich auf eine andere Idee, nämlich daß wir zu zweit kandidieren könnten', erzählt sie mir.

Erst viel später merkte Audrey, daß sie sich selbst ein Bein gestellt hatte. „Ich wollte nicht als Vizepräsidentin kandidieren, ich wollte Vorsitzende werden. Warum habe ich mich selbst in so einen Schlamassel gebracht?" Dennoch versuchte sie trotz seines unverhohlen selbstsüchtigen Verhaltens, mit Graham in Verbindung zu bleiben. Es war noch ein weiterer Vertrauensbruch von Graham – diesmal schlug Andrey vor, daß sie ein neues Studentenkommitee gründen sollten. Graham stahl die Idee und stellte sie dem Dekan als seine eigene vor – bis Audrey schließlich aufwachte. Sich die Idee eines anderen anzueignen und sie als die eigene auszugeben, ist ein klassischer Trick der Bewunderer.

Ihre persönlichen Risikofaktoren

Wie ich dargestellt habe, kann es sehr schwierig sein, Veränderungen in einer Beziehung auszumachen. Oft hat man das Gefühl, daß etwas nicht stimmt, aber man kann nicht genau ausmachen, was es ist. Vielleicht kommt man sich sogar albern vor, übermäßig mißtrauisch oder grob, wenn man denkt, daß man von jemand hintergangen wird, den man selbst bewundert und der einen offensichtlich bewundert und unterstützt. Erst wenn es zu konkreten Beziehungspannen kommt – wenn jemand offensichtlich Ihren Job haben will, bei der Vorstandssitzung Ihren Platz einnimmt etc. –, begreift man endlich. „Moment mal, ich werde *wirklich* ausgenutzt! Ich werde zum Besten gehalten."

Befassen Sie sich mit den folgenden Risikofaktoren: Sobald Sie sie präzise identifizieren können, werden Sie schneller spüren, wenn ein vermeintlicher Bewunderer Ihr Vertrauen bricht.

Risikofaktor Nr. 1
Sie brauchen ständig Lob und Anerkennung, um eine gute Meinung von sich zu haben

Vielleicht sind Sie sich Ihres Aussehens, ihrer Intelligenz oder Ihrer Fähigkeiten nicht sicher. Vielleicht haben Sie wie Helen viel erreicht, aber aus Ihrer Kindheit sind Ihnen Selbstzweifel geblieben, und Sie fühlen sich nach wie vor verletzbar. Um ein positives Selbstbild zu haben, brauchen Sie, daß andere Ihnen erzählen, wie klug Sie sind oder wie gut Sie aussehen. Vielleicht trauen Sie Ihrem Urteil nicht und suchen deshalb Bestätigung und Zustimmung von anderen. Und weil Ihr Selbstwertgefühl an die ständige Unterstützung und Bewunderung durch andere gebunden ist, sind Sie deren selbstsüchtigem Verhalten gegenüber womöglich blind.

Risikofaktor Nr. 2
Sie wollen es allen recht machen

Sie sind jemand, der nicht nein sagen kann. Sie fühlen sich verpflichtet, anderen zu helfen und haben ein schlechtes Gewissen, wenn Sie es nicht tun. Wie Candace fühlen Sie sich gut, wichtig und gebraucht, wenn Sie die Wünsche anderer erfüllen. Ohne deren Anerkennung fühlen Sie sich hohl, nutz- und wertlos. Sie fühlen sich stark, wenn Sie die Möglichkeit und wertvolle Kontakte haben, um demjenigen, der Sie bewundert und den Sie bewundern, zu helfen. Sie machen von diesen Mitteln großzügigen Gebrauch und geben Geld, Zeit, Kraft und Aufmerksamkeit. Der Empfänger zeigt sich sehr dankbar und erzählt Ihnen, daß er ohne Sie nie zurecht kommen könnte. Unentbehrlich zu sein, wird zu einem entscheidenden Bestandteil Ihres Selbstwertgefühls.

Das Problem ist, daß Sie immer nur so gut sind wie das, was Sie zuletzt getan haben. Wenn der andere wütend wird und Ihre Anstrengungen herabsetzt, dann tendieren Sie dazu, sich noch stärker anzustrengen, um seine Zustimmung zurückzugewinnen. Deshalb merken Sie nicht, wenn Sie Ihre Energie verschwenden. Sie sind eventuell erstaunt, wie leicht er Sie um die lästigsten Dinge bittet und daß er Sie nie davon abhält, seinen unverschämten Bitten entgegenzukommen.

Risikofaktor Nr. 3
Sie suchen andere, um sich ganz zu fühlen

Sie suchen nach der Möglichkeit, Ihre Welt mit der eines anderen zu verschmelzen. Wenn Sie ein solches „Machtbündnis" bilden, glauben Sie, dadurch Ihren Status und Ihre Identität zu stärken. Sie sehen dieses Machtbündnis als etwas, von dem Sie profitieren. Wie Sophia für Myra kann der Bewunderer Ihnen ein fehlendes Stück Ihrer Persönlichkeit oder ein vollständigeres Lebensgefühl vermitteln. Vielleicht verkörpert er die Familie, die Sie nie hatten, oder gibt Ihnen Gelegenheiten zum Erfahrungsaustausch. Danach haben Sie sich immer gesehnt. Daß er Sie akzeptiert und in sein Leben läßt, ist ein Zeichen seiner Anerkennung. Sie haben schließlich doch das, was dafür nötig ist.

Fünf Möglichkeiten, Bewunderer zu erkennen

1. Sie erzählen Ihnen dauernd, daß Sie der oder die beste sind und wie sehr sie sich wünschen, wie Sie zu sein. „Du bist so klug. Warum fällt dir nur alles so leicht?“ ist eine oft wiederkehrende Bemerkung.
2. Sie ahmen Ihren Stil nach – was Sie tun, wohin Sie gehen und wie Sie sich kleiden. Oft fragen sie dabei nicht um Erlaubnis. Sie sind Mitglied eines Fitness-Studios geworden? Bewunderer werden auch eintreten. Sie haben das Kostüm in einer bestimmten Boutique gekauft? Bewunderer gehen los und kaufen das gleiche.
3. Weil sie Sie überzeugen, daß sie ohne Sie nicht überleben würden, überschlagen Sie sich, um etwas für sie zu tun und ihnen etwas zu geben. Sie versprechen, Ihnen auch einen Gefallen zu tun, wenn er nur kommt, wenn es ihnen gerade paßt.
4. Sie stellen Ansprüche. Machen Sie sich die größten Umstände für Sie, benehmen die Bewunderer sich so, als hätten sie nichts anderes erwartet.
5. Sie vergessen vergangene Hilfeleistungen und erinnern sich nur an das, was Sie heute für sie tun.

Soforthilfe: Wie Sie Bewunderer überlisten

1. Erweisen Sie anderen nicht allzuoft einen Gefallen. Lernen Sie, nein zu sagen.
2. Achten Sie darauf, welche persönlichen Informationen Sie mitteilen und wem Sie sie mitteilen.
3. Ändern Sie Ihre Erwartungen. Erweitern Sie Ihr so-

ziales Netz, damit Ihr Selbstwertgefühl weniger auf Bewunderer angewiesen ist.

4. Lernen Sie, einen Bewunderer zur Rede zu stellen, wenn das nötig ist, um sich vor seinem verletzenden Verhalten zu schützen.
5. Machen Sie sich klar, daß die Sichtweise der Bewunderer nicht in Ordnung ist, nicht Ihre.

6. Kapitel Benutzer: „Der Gewinner bekommt alles“

Victor, einem gutaussehenden Immobilienmakler, mangelte es nie an weiblicher Gesellschaft. Darum war Marilyn, die vierzigjährige Personalchefin eines großen Krankenhauses, überrascht und erfreut, als er sie bat, mit ihm auszugehen. Nach drei Monaten zog Victor in Marilyns Wohnung ein und versprach, daß sie „demnächst irgendwann“ heiraten würden. Währenddessen zahlte Marilyn beider Unterhalt, weil Victor trotz seiner vollen Stelle nie Geld zu haben schien. Für Marilyn spielte das keine Rolle. Es war ihr wichtig, jemanden wie Victor in ihrem Leben zu haben. Es war ihr sogar so viel wert, daß sie bereit war, ihm 18.000 Dollar für eine geschäftliche Investition zu leihen.

Aber im Laufe der Monate fiel es Marilyn immer schwerer, Erklärungen für Victors Verhalten zu finden. Wenn sie verabredet waren, ließ er sie unweigerlich eine Stunde im Restaurant warten. Er wußte, daß sie sich ihres Aussehens nicht sicher war – sie hatte als Kind starkes Übergewicht gehabt –, und machte oft auf indirekte Art kritische Bemerkungen darüber. Warum trägst du nicht auch so ein Kleid wie Rita?“ Sogar, wenn er lobte, schwang eine subtile Herabsetzung mit. Egal, was sie tat, Marily hatte nie das Gefühl, hübsch oder begabt genug zu sein. Eines Abends kam sie begeistert mit einer neuen Frisur nach Haus. Victor bemerkte ihren Enthusiasmus: „Deine Frisur hat vorher besser ausgesehen. Warum hast du sie verändert?"

Besonders verletzend war, daß er nichts dabei fand, am Wochenende Freundinnen zum Abendessen oder zum Brunch einzuladen, ohne sie vorher zu fragen. „Er sagte mir, daß Soundso zu uns stoßen würde – daß sie eine potentielle Kundin sei –, und schließlich flirtete er während des ganzen Essens mit ihr", berichtete sie. „Wenn ich ihm sagte, daß ich mich bei seinem Verhalten nicht wohl fühlte, sah er mich an, als sei ich übergeschnappt, und sagte ‚Wie kannst du nur so daherreden? Ich muß Kontakte pflegen, um Beziehungen zu knüpfen. Das ist rein geschäftlich!' Vielleicht war es das, aber es hat mich sehr gestört."

Eigentlich lebte Victor sein Leben mit Marilyn, als sei er allein. Er legte weder über seine Zeit noch über seinen Verbleib Rechenschaft ab. Wie alle Benutzer-Typen führte er sie absichtlich in die Irre. Er versprach, sie zu heiraten, oder sprach über ihre gemeinsame Zukunft. Bis zu einem gewissen Grade beruhigte Marilyn die Tatsache, daß er ihr finanziell verpflichtet war. Auch versuchte sie, nicht überempfindlich zu sein: Schließlich waren in der Vergangenheit mehrere Beziehungen aus eben diesem Grund zerbrochen. „Ich kann ziemlich temperamentvoll sein, wenn ich in Fahrt komme", sagte sie seufzend, „und ich wollte nicht alle kaputt machen."

Aber wenn sie sich an die Wand gedrängt fühlte, ging sie doch immer wieder in die Luft. Dann starrte Victor, der Worteverdreher, sie ungläubig an: „Was ist mit dir bloß los? Schau, wie du dich benimmst ... du bist so ein Bist", sagte er langsam und in ruhigem Tonfall. „Du fragst, warum wir nicht miteinander auskommen ... warum ich nicht sicher bin, daß ich bei dir bleiben will?

Weil du immer so ein Theater um nichts machst. Du bist völlig unflexibel und absolut unbeherrscht."

Sie sei diejenige, die ein Problem hätte. „Wenn es dir nicht paßt, kannst du ja gehen." Das einzige Mal, als sie wirklich ging, wurde Victor plötzlich wieder der beruhigende und einfühlsame Mann, in den sie sich verliebt hatte.

Das Problem umzukehren und die Schuld auf das Opfer zu schieben, ist eines der klassischen Manöver eines Benutzers wie Victor. Marilyn war in diesen Momenten wirklich unbeherrscht. Es ist verständlich, daß ihr Zweifel kamen und sie anfing zu denken: „Er hat recht. Ich bin ein Biest ... es liegt an mir." Marilyn erkannte nicht, daß Victor sie auf wiederholten Vertrauensbruch vorbereitete. Er hielt sie sich warm, indem er sie mit Schmeicheleien und Charme überschüttete – jedoch in kleinen Dosen und immer erst, nachdem er vorher ihr Selbstwertgefühl angeschlagen hatte. Victors Lob war grundsätzlich Wiederherstellung, etwas, was er Marilyn zuwarf, nachdem er sie vorher niedergemacht hatte. Da Marilyn so dringend auf diese seelische Bestätigung angewiesen war, fühlte sie sich gezwungen, die Beziehung aufrecht zu erhalten. Ihr graute vor dem Tag, an dem sie Victor so wütend machen, daß er sie endgültig verlassen würde. Sie war vor Victor gewarnt worden. Sowohl seine Mutter als auch seine frühere Frau, der Marilyn oft begegnet war, wenn Victor seine Kinder für einen Wochenendbesuch abholte, hatten von seiner Unzuverlässigkeit und seiner ausgesprochen verletzenden Art erzählt. Marilyn hörte sich das an, aber sie hörte nicht zu. Sie glaubte wirklich daran, daß sie diejenige sein würde, die ihn ändern könnte, die er anders behandeln würde als alle anderen.

Benutzer wie Victor trifft man überall; in der Liebe

und im Beruf treten sie immer wieder auf. Es kann der Mann in Ihrem Leben sein, der beteuert, daß Sie die aufregendste Frau sind, die er je in seinem Leben getroffen hat, der Ihnen das Morgen verspricht, aber heute nicht da ist. Es kann die Freundin sein, die dringend 500 Dollar braucht, um ihre Kreditkartenrechnung zu zahlen, die aber nicht ein einziges Mal von der Rückzahlung spricht. Vielleicht ist es auch die Kollegin, die Sie dazu überredet, Ihre besten Verbindungen anzuzapfen, um ein wichtiges Geschäft abzuschließen, Sie dann aber in letzter Minute davon ausschließt. Wir treffen Benutzer sogar in der Familie, wenn Ehepartner dem anderen ihre Liebe erklären und dabei ein Auge auf dessen Bankkonto werfen, wenn Geschwister, die Geschäftspartner sind, zwar Loyalität verkünden, aber Gewinne beiseite ziehen, oder wenn erwachsene Kinder ihre alten Eltern oder Verwandten um deren Ersparnisse prellen. Gerade der Mißbrauch von alten Menschen nimmt nach Expertenmeinung zu.

Benutzer verraten einen nicht nur durch ihre Handlungen, sondern auch durch die Versprechen, die sie dann absichtlich nicht halten. Benutzer machen vor nichts halt, um Sympathien hervorzurufen, damit andere sie unterstützen und ihnen helfen, ihre Ziele zu erreichen. Sie geben sich nicht mit solchen kleinlichen Spielen ab. Andere auszustechen, sind für sie kleinliche Spiele.

Und während sie selbstbewußt auftreten und sich nur auf ihre eigenen Bedürfnisse konzentrieren, übertrifft ihre Selbstbezogenheit alle bisher bekannten Stufen. Das Wort „Schuld“ gehört nicht zu ihrem Wortschatz, im Gegensatz zu „Ausbeutung“.

Wie sie es tun

Victor wußte zum Beispiel, daß Marilyn sich ihres Aussehens nicht sicher war, deshalb traf er sie so oft an diesem wunden Punkt. „Dieses Kleid sieht nicht besonders gut an dir aus", sagte er zum Beispiel, als sie auf dem Weg zu einem sehr formellen Wohltätigkeitsessen waren. „Hast du ein paar Pfund zugenommen?" Der Benutzer kennt die schwachen Stellen seines Opfers. Er ist wie der Ehemann in „Gaslight", dem Filmklassiker von 1944 mit Ingrid Bergmann und Charles Boyer. In diesem Film bringt der Ehemann seine Frau zu der Überzeugung, daß sie verrückt ist. Auch Benutzer verdrehen die Wirklichkeit, damit die Opfer glauben, sie seien schuld an den Problemen, denen sie sich gegenübersehen. Jedesmal, wenn Marilyn einen weiteren Angriff auf ihre Gefühle ertragen mußte, bestätigte diese Erfahrung ihre heimliche Befürchtung, daß mit ihr wirklich etwas nicht stimmte. Welcher normale Mensch würde sich auch mit einem Mann abfinden, der einen so verletzt?

Das Opfer eines Benutzers verharrt in seinem Leid. Es glaubt, daß niemand sonst es haben will. Benutzer bauen einen Kreis psychologischer Abhängigkeit auf, der dem verwandt ist, den wir aus Beziehungen mit verbalem und körperlichem Mißbrauch sehen. In beiden Fällen sind die Opfer nicht in der Lage zu gehen, weil sie keinen Ausweg sehen.

Während die Benutzer die Abhängigkeit ihres Opfers geschickt ausnutzen, setzen sie ihre Schnüfflerei fort, machen die Bedürfnisse, Vorlieben, Werte und Ziele ihrer Opfer ausfindig und verwandeln sich anschließend wie ein Chamäleon, um diesem Bild zu entsprechen. Benutzer erzählen ihrem Opfer, was es hören will, und beeindrucken es durch Versprechungen. Sie wecken Vertrauen mit ihren Worten, brechen es aber durch ihre Taten. Ein Gegensatz zwischen dem, was jemand sagt, und dem, was er tut, besteht bei jedem Vertrauensbruch, aber hier ist er besonders markant. In einem Anfall von Draufgängertum verführt, drängt und täuscht der Benutzer und läßt alle Fäden spielen, um das Opfer davon zu überzeugen, wieviel glücklicher oder erfolgreicher sein Leben mit dem Benutzer wäre. Der Charme eines Benutzers ist sein Rettungsanker.

Als Denise eine Firma gründete, um ein Info-Magazin für die Mode-Branche herauszugeben, wurde sie Gordon vorgestellt. Er war leitender Angestellter in einem Verlag und auf der Suche nach einem Geschäftspartner. Sie lernten sich besser kennen und stellten fest, daß ihre Ziele, Fähigkeiten und Erfahrungen gut zueinander paßten. „Ich war wirklich begeistert von der Vorstellung, mit Gordon zusammenzuarbeiten", sagt Denise. „Wir hatten die gleiche Wellenlänge. Ich kann mich erinnern, wie ich ihm erzählte, daß für mich das Einhalten seiner Versprechen die wichtigste Eigenschaft eines Geschäftspartners sei. Das schien Gordon auch so zu sehen. Unsere Pläne für eine Zusammenarbeit wurden präziser. Er wollte sich nach den Mieten für Büroräume erkundigen und ließ drei Immobilienmakler antreten, die sich für uns umschauen sollten. Diese Details beeindruckten mich. Ich mußte nie nachfragen."

Denise arbeitete so viel, daß sie erst nach Monaten merkte, daß Gordon nichts mehr zu Ende brachte. Wie viele Menschen im Griff eines Benutzers schob sie alle aufkommenden Zweifel beiseite.

Gordon hatte gesagt, daß sie einen bestimmten Auftrag schon „in der Tasche" hätten. Als dieser dann platzte, sagte sie sich, daß das reiner Zufall gewesen sei. Er hatte immer vernünftige Erklärungen, wenn andere

Geschäfte nicht „klappten" und versicherte Denise, daß sie zusammen größeren Erfolg haben würden, als sie sich je hätte träumen lassen – ein anderer typischer Trick eines Benutzers. Viele Menschen sind so auf ihr Ziel konzentriert, – Marylin darauf, zu heiraten und eine Familie zu gründen. Denise auf beruflichen Erfolg – daß sie die Ungereimtheiten im Verhalten des Benutzers nicht sehen. „Gordon mietete teure Büroräume, belegte das größte Büro des Stockwerks, aber er brachte nicht einen einzigen Anzeigenkunden", erinnert sich Denise. „Und ich war so dumm, nicht eins und eins zusammenzuzählen."

Wenn jemand sie darauf hinweist, wie sehr ein Benutzer sie ausnutzt, sind die Opfer ausnahmslos empört und verteidigen ihn. „Mein Mann sagte mir unumwunden, daß er ihm nicht traute", gab Denise später zu. „Ich war tatsächlich stinksauer auf ihn."

Gordon ist ein Geschäftspartner, der andere aussaugt, ein Benutzer, der sich von der Kreativität anderer ernährt und ihre Ideen verschlingt, bevor er sich der nächsten Beute zuwendet. Nach fast einem Jahr begriff Denise, was vor sich ging und löste sich von Gordon. Sie war weder die erste noch die letzte, die von ihm benutzt wurde.

Marilyn und Denise mußten aus Erfahrung klug werden. Trotz der Warnungen anderer gleichen die Opfer der Benutzer Dorothy aus *Der Zauberer von Oz.* Dorothy merkt erst am Ende der Geschichte, daß sie einfach nur die Absätze ihrer roten Schuhe zweimal zusammenschlagen muß, um nach Hause nach Kansas zurückkehren zu können. Wie Dorothy kämpfen die Opfer und halten großen seelischen Aufruhr aus, bevor sie die Kraft spüren, das Muster ihrer Interaktionen zu ändern und die Kontrolle über ihr Leben zurückzugewinnen.

Es ist nicht ungewöhnlich, daß Menschen mehrmals Benutzern zum Opfer fallen. Benutzer geben gerade so viel, daß der andere von ihnen abhängig bleibt; deshalb fühlen sie sich wie Heroinsüchtige. Sie sind so von innen heraus verunsichert und so von den Mitteln des Benutzers abhängig, daß sie immer wieder zurückkommen, um mehr zu bekommen.

Paula, eine erfolgreiche Photographin in Seattle, hatte eine solche Vorgeschichte. Sie war das Kind eines anmaßenden und kritischen Vaters und heiratete sofort nach der Kunstschule, um dem unglücklichen Elternhaus zu entfliehen. Ihre Ehe mit einem Mann, der all ihre Kontakte benutzt hatte, um seine eigene Karriere in Gang zu bringen, zerbrach nach zehn Jahren. Als ihr – inzwischen erfolgreicher – Mann sie verließ, versuchte sie verzweifelt, ihr Leben wieder in den Griff zu bekommen. Sie hielt es für einen Schritt in die richtige Richtung, einen Vertrag mit Ryan abzuschließen, einem bekannten Agenten, der sie seit Jahren mit Versprechen von hochbezahlten Aufträgen bei Film und Fernsehen umworben hatte.

Paula war stolz auf ihre Entscheidung, und merkte nicht, wie Ryan begann, ihre Karriere mit macchiavellistischen Manövern zu untergraben. Er log sie an und sagte, daß er in ihrem Interesse Kontakt zu Ateliers aufgenommen habe. Er gab sogar ihre Ideen als die Arbeiten anderer Kunden aus. Zuerst schrieb sie die Verluste dem Zufall zu. Wenn sie doch einmal den Mut aufbrachte und ihn zur Rede stellte, „ging er in die Luft, und ich gab dann immer klein bei. Zum Schluß entschuldigte ich mich und hatte ein schlechtes Gewissen, weil ich an ihm gezweifelt hatte. Irgendwie überzeugte er mich immer wieder, daß er der einzige wäre, der meine Karriere ankurbeln könnte." Auf einer rationalen Ebene wußte Paula, daß ihre Beziehung zu Ryan Gift für sie war, aber sie konnte sie nicht beenden. Schäbig behandelt zu werden, war ein vertrautes Gefühl: Sowohl ihr Vater als auch ihr Mann waren so mit ihr umgegangen. Unweigerlich bestreiten Menschen wie Ryan jeden Fehler und jede Verantwortung für ihre Taten. Kochend vor selbstgerechter Entrüstung und aller Dünkel bringen sie ihr Opfer dazu, sich undankbar vorzukommen – und ein schlechtes Gewissen zu haben, weil sie auch nur eine Minute an ihren Motiven zweifeln konnte. Sie betonen immer wieder wie sehr ihnen seine Interessen am Herzen liegen. „Sieh doch, wieviel ich für dich getan habe!" „Ich habe das nicht für mich getan, sondern für dich!"

Aber natürlich liegen den Benutzern nur ihre eigenen Interessen am Herzen. Wie sehr Sie auch versuchen, einen Benutzer von Ihrem Standpunkt zu überzeugen, wird er ihn nicht verstehen können und wollen. Am Ende kommen Sie sich richtig dumm vor. Obwohl Sie es eigentlich besser wissen, setzen Sie sich einem Vertrauensbruch aus und trotz größter Anstrengungen können Sie sich letztendlich nicht davor schützen. Wenn Sie es wagen, einem Benutzer Fragen zu stellen, wird er Ihnen – wie Victor, Gordon und Ryan – nur einen Teil der Wahrheit mitteilen, der nie stimmig ist. Stellen Sie ihn weiter zur Rede, wird er vor Wut schäumen, Ihnen die kalte Schulter zeigen oder Sie aus seinem Leben ekeln. Weil Sie von ihm abhängig sind, greifen Sie dankbar nach jeder Stimmungsbesserung und sind bereit, das Geschehene zu ignorieren. Aber der Benutzer wird Sie in dem Moment, wo Sie ihm nichts mehr zu bieten haben, aus seinem Leben streichen.

Ein weiterer Grund für den Erfolg der Benutzer ist, daß sich so viele Menschen mit dem Vertrauensfaktor identifizieren: niemand ist perfekt, und man muß das Schlechte mit dem Guten akzeptieren. Besonders in der Partnerschaft stellen sich viele Frauen der Herausforderung, einen unverbesserlichen Mann zu bekehren. Sie wollen glauben, daß sie einen eigensinnigen Mann ändern und ihn auf den richtigen Weg bringen können. Sie verwechseln Lust mit Liebe und Vertrauen und werden schnell von Leuten übertölpelt, die keinerlei Gewissensbisse haben, zu lügen und zu betrügen, um ihre Ziele zu erreichen. Gerade seine besondere Aura macht den Benutzer so anziehend.

„Er war zweifellos ein Schwindler", erzählte mir eine Frau. „Ich kannte seinen ‚Lieb sie und verlass sie'-Ruf. Aber das machte mir nichts. Ich war so dumm ... ich glaubte wirklich, daß ich diejenige wäre, die ihn ändern könnte." In Wirklichkeit ist man in der Beziehung mit einem Benutzer immer der Verlierer.

Warum sie es tun

Welche Art von Menschen nutzen andere so aus? Es gibt alle möglichen Benutzer-Typen, von Victor oder Ryan bis zu den extremen Fällen, den Schwindler, den Bigamisten und den Dieben, die ihren Opfern Liebe, seelische Unterstützung und finanzielle Mittel rauben.

Nehmen Sie den Fall von Margaret. Die ehemalige Beratungslehrerin hatte zwei Kinder, die schon im College waren. Nach einundzwanzigjähriger Ehe war sie vor kurzem Witwe geworden. Durch ein Vermittlungsinstitut lernte sie Howard kennen und verliebte sich in ihn. Howard war zweiundfünfzig Jahre, der charmante Vater dreier Kinder und Mehrheitseigentümer einer großen Personalagentur. Nachdem sie ein Jahr zusammen waren, heirateten sie – und nach und nach kamen Margaret Zweifel an ihrem Märchenprinzen.

Ab und zu tauchten kleine Ungereimtheiten auf – Erinnerungslücken, die Tatsache, daß er mehrfach seine Stelle gewechselt hatte, daß er wegen seines Alters gelogen hatte. „Als ich entdeckte, daß er eigentlich neunundfünfzig Jahre war – ich mußte in seiner Kommode etwas suchen und fand einen alten Führerschein –, gab er als Rechtfertigung für seine Lügen, mich nicht verlieren zu wollen. Er beteuerte, daß ich die Liebe seines Lebens sei und er geglaubt habe, einen so alten Mann hätte ich nicht heiraten wollen."

Aber als Howard für verlängerte Ferien zu seiner Mutter fuhr und er sie nicht mitkommen lassen wollte, kam Margaret der Verdacht, daß ihr Mann nicht der Mensch war, für den sie ihn gehalten hatte. Sie beauftragte einen Privatdetektiv und erfuhr, daß Howard schon zweimal verheiratet gewesen – und immer noch verheiratet war. „Ich hätte das nachprüfen sollen, habe es aber nicht getan. Solche Schwindler sind sehr gute Lügner. Wahrscheinlich wollte ich auch glauben, was er sagte. Ich wollte ihm vertrauen."

Die Zeitungen sind voll von Geschichten über Leute wie Margaret: einsamen, traurigen, verlorenen Seelen, die so leicht auf charmante Liebhaber hereinfallen, daß sie deren falsche Identitäten oder Untreue nicht entdecken bzw. sie offensichtlich ignorieren. Solche seelisch angeschlagenen Menschen sind nicht fähig, ihrem eigenen Urteil zu trauen, nicht einmal, wenn sie mit harten Fakten konfrontiert werden. Es ist eine Tatsache, daß Benutzer enorme Schwierigkeiten haben, eine enge Beziehung voll Wärme aufrecht zu erhalten. Sie haben Angst vor Intimität und fühlen sich durch Nähe bedroht. Deshalb schützen sie sich und senken ihren

Schutzschild nie. Nähe verursacht ihnen das Gefühl, in einer Falle zu sitzen und kontrolliert zu werden. Statt sich auf eine Beziehung einzulassen, nehmen sie sich nur, was sie wollen.

Natürlich sind nicht nur Männer Heiratsschwindler. Frauen betrügen auch Männer. Die vierundvierzigjährige Bernice zum Beispiel war zweimal verheiratet und ist zweimal geschieden. Sie hat eine zehnjährige Tochter. Sie ist nicht besonders hübsch, hat aber einen attraktiven Körper, den sie benutzt, um einen Mann nach dem anderen zu erobern. Bernice ist seit vier Jahren mit Alan, einem arbeitssüchtigen Geschäftsmann, verlobt, und sie verlangt, daß er ihre ganze Kleidung, ihren Schmuck und zweimal wöchentlich den Friseur und die Maniküre bezahlt.

Die Verlobung hat sie aber nicht davon abgehalten, sich mit anderen Männern zu verabreden. Wenn sie abends andere Männer einlädt, sagt sie Alan, er solle im Haus seiner Mutter übernachten, weil sie sich mit Freundinnen zum Abendessen treffe. In den letzten fünf Monaten hat sie sich mit Arthur verabredet, einem Bauleiter, der seit sechs Monaten wegen Arbeitsunfähigkeit zu Hause ist. Arthur weiß nichts von Alan. Er hat Bernice gesagt, daß er alles für sie tun würde – und das tut er wirklich. Er macht Besorgungen für sie, kauft Lebensmittel ein, putzt das Haus, wenn sie unterwegs ist und holt sogar ihre Tochter von der Schule ab. Währenddessen löst Bernice den Scheck für Arthurs Krankengeld ein, benutzt das Geld zur Deckung der Ausgaben, die Alan nicht zahlt, und gibt Arthur den Rest.

Wir haben bereits gesehen, daß Narzißten nur in sehr geringem Maß zu Mitgefühl fähig sind. Aber Benutzer wie Bernice haben gar kein Mitgefühl. Es kümmert sie nicht, welche Folgen ihr Verhalten für andere hat. Bei Benutzern entdecken wir oft schon in ihrer Vorgeschichte Anzeichen unsozialen Verhaltens, häufig ausgelöst durch ein Kindheitstrauma (Scheidung der Eltern, Mißbrauch oder Mangel an Liebe und Fürsorge). Voll Zorn wachsen sie in dem Glauben auf, daß die Welt ihnen etwas schuldet und daß nun andere für das zahlen müssen, was sie durchgemacht haben. Benutzer haben keine Schwierigkeiten damit, Regeln zu brechen, um ihre Bedürfnisse zu erfüllen. Sie glauben, die Tatsache, daß ihnen Unrecht geschehen ist, gebe ihnen das Recht, andere zu verletzen.

Victor zum Beispiel verlor mit sieben Jahren seinen Vater. Seine Mutter war selten zu Hause. War sie da, verhielt sie sich sehr dominant und beschimpfte ihren Sohn häufig. Victor wurde der größte Rabauke seiner Klasse und bekam mit der Polizei zu tun, weil er Autofenster eingeschlagen und Ladendiebstähle begangen hatte. Victor reagierte auf den Schmerz, den der frühe Tod des Vaters und die Zurückweisung durch die Mutter hervorgerufen hatte, indem er seine Wut nach außen richtete und alle anderen verletzte. Benutzer sind noch mehr als Bewunderer davon überzeugt, das Recht zu haben, zu tun, was sie wollen. Selbst betrogen, haben sie kaum Schuldgefühle, wenn sie andere betrügen.

Es überrascht nicht, daß Benutzer oft Schwierigkeiten haben, eine Arbeitsstelle zu behalten. Sie wechseln ihre Stelle oft selber oder ihnen wird gekündigt. Die Schuld dafür weisen sie von sich. Es liegt nie an ihrer eigenen Unfähigkeit, sondern „alle anderen haben so eine Einstellung" oder „der Chef hat es auf mich abgesehen". Sie sind niemals für ihre Schwierigkeiten verantwortlich. Typische Benutzer kommen ihren finanziellen Verpflichtungen nicht nach, ob es sich nun darum handelt, ein Darlehen zurück- oder Kindesunterhalt zu zahlen. Sie sind mit allen Wassern gewaschen, wenn es darum geht, ihre Haut zu retten.

Ihre persönlichen Risikofaktoren

Wenn ein Benutzer zur Rede gestellt wird, geht er vielleicht vor Wut in die Luft. Angriff ist für ihn die beste Verteidigung. Entgegen dem äußeren Anschein ist das Ego des Benutzers ziemlich labil. In einer engen Beziehung fühlt sich ein Benutzer verletztlich, hilflos und gedemütigt. Es erscheint ihm wie ein Zeichen von Schwäche, jemanden zu brauchen. Deshalb vermeidet er Nähe um jeden Preis. Andere auszuplündern ist für ihn Seelennahrung, sein Charme die für ihn typische Überlebenskunst. Er ist überzeugt, daß niemand ihn aufhalten kann. Und weil er das Vertrauen anderer so schnell bricht, ist es tatsächlich schwer, ihn aufzuhalten. Benutzer sind nicht immer gut zu erkennen, wenn sie einen hereinlegen. Das macht es noch schwerer, sich von ihnen freizumachen. Als potentielles Opfer ist es für Sie wichtig zu überprüfen, ob Sie dem Benutzer eine Angriffsfläche bieten. Schauen Sie sich darum die folgenden Risikofaktoren aufmerksam an.

Risikofaktor Nr. 1
Insgeheim fühlen Sie sich unzulänglich

Haben Sie tief in Ihrem Inneren das Gefühl, daß mit Ihnen etwas nicht stimmt … daß Ihnen eine wesentliche Eigenschaft fehlt? Ertappen Sie sich oft dabei, wie Sie sagen: „Ich bin so dumm, ich bin fett, ich bin egoistisch, ich bin faul"? Sie scheinen stark und selbstsicher, begabt und intelligent. Nur Sie selbst wissen, daß das nur äußerlich ist und Sie innerlich immer wieder von Selbstzweifeln geplagt sind. Verletzungen aus der Kindheit wirken immer noch nach. Vielleicht hatten Sie Übergewicht, wie Marilyn, oder Sie waren schrecklich schüchtern. Es ist nur wenig nötig, um bei Ihnen alte Ängste auszulösen. Öfter als Sie zugeben wollen, fühlen Sie sich allein und einsam. Wenn Sie aber jemandem Gelegenheit geben, Ihnen seine Liebe zu beweisen, fühlen Sie sich liebenswert und Ihr Selbstwertgefühl steigt.

Risikofaktor Nr. 2
Sie sind in einer Lebensphase, in der Sie verletzlich sind

Sind Sie erst vor kurzem geschieden worden, oder haben Sie Ihren Ehepartner verloren? Oder sind Sie eine Frau Ende Dreißig, deren biologische Uhr hörbar tickt? Fürchten Sie, daß Sie keinen Partner mehr finden werden, ganz zu schweigen von der Gründung einer Familie? Vielleicht haben Sie vor kurzem eine problematische Beziehung beendet und fühlen sich jetzt leer und angeschlagen. Sie könnten auch in eine Phase Ihres Lebens kommen – vielleicht feiern Sie einen runden Geburtstag –, in der Sie Bilanz ziehen. In solchen Situationen streckt man gerne die Hand nach jedem aus, der einem seine Liebe erklärt. Von einem Gefühl der Dringlichkeit, sogar der Verzweiflung getrieben, gehen Sie möglicherweise eine Beziehung ein, in der Ihre alten Unsicherheiten und persönlichen Zweifel genährt werden.

Risikofaktor Nr. 3
Sie fragen sich oft: Liegt es am anderen oder an mir?

Haben Sie oft ambivalente Gefühle gegenüber Ihren Freunden oder Ihrem Partner? Lieben Sie ihn an einem Tag und hassen ihn am nächsten? Haben Sie Zweifel an seinen Absichten? Jemand, der einem Benutzer Angriffspunkte bietet, ist oft durcheinander und sich seines eigenen Denkens und Fühlens nicht sicher. Statt dem eigenen Urteil zu vertrauen, erbitten Sie die Meinung anderer. Aber mit der Zeit muten die anscheinend vertrauenswürdigen Ratschläge wie Befehle an, mit denen Sie kontrolliert werden. Jede Nachfrage von Ihnen macht den anderen sogar wütend und treibt ihn in die Defensive. Blind vertrauend könnten Sie in die Fallgrube Nr. 2 geraten sein – Sie bestehen darauf, daß Sie dem anderen nur die Chance geben, seine Vertrauenswürdigkeit zu beweisen, und Sie leugnen, daß er berechnend sein könnte.

Sie könnten auch in der Fallgrube Nr. 3 gefangen sein – Sie glauben, daß Sie das Schlechte mit dem Guten akzeptieren müssen. Der Benutzer hält Sie, indem er Sie mit Entschuldigungen überschüttet und sich zu ändern verspricht. Er schwört Treue und beteuert seine Verzweiflung angesichts der Vorstellung, ohne Sie leben zu müssen. Er betört Sie so sehr, daß Sie am Ende glauben, zuviel zu verlangen und ein schrecklicher Mensch zu sein, wenn Sie ihn nicht mit all seinen Fehlern nehmen und ihn lieben, wie er ist. Infolgedessen übersehen Sie Informationen, die Ihnen helfen würden, die Beziehung in einem neuen Rahmen zu sehen, oder aber Sie deuten die Informationen falsch. Sie werden Opfer eines Verrates, lassen ihn aber durchgehen und tun so, als ob er nie geschehen sei oder nie wieder vorkommen wird.

Risikofaktor Nr. 4
Sie verwechseln Lust und Liebe

Haben Sie vor kurzem eine leidenschaftslose Beziehung beendet, in der Sie sich nicht begehrt fühlten oder Ihnen die Lust verging? Ihr sexuelles Selbstbewußtsein hat vielleicht einen schweren Schlag erlitten. Wenn Sie eine neue Beziehung eingehen, in der die Chemie stimmt und stark ist, werden Sie schnell davon abhängig. Ein Benutzer ist Meister in der Kunst der Verführung und gibt Ihnen das Gefühl, attraktiv und begehrenswert zu sein. Herausforderung, Gefahr und Aufregung in der Beziehung ziehen Sie an und machen Sie blind für potentiellen Sprengstoff. Statt sich zu fragen, ob dieser Mensch freundlich, ehrlich, treu, verläßlich und vertrauenswürdig ist, halten Sie die Beziehung für großartig, weil Sie guten Sex haben. Sie ziehen folgenden Schluß: Er/sie begehrt mich wirklich; also muß er/sie mich lieben; also muß die Beziehung funktionieren.

Risikofaktor Nr. 5
Sie haben ein Helfersyndrom

Haben Sie ein schlechtes Gewissen, oder kommen Sie sich egoistisch vor, wenn Sie Ihre Bedürfnisse geltend machen? Haben Sie das Gefühl, selbst ein Benutzer zu sein, wenn Sie um etwas bitten? Wollen Sie mehr, als anderen Leuten nur einen Gefallen zu tun? Übertreiben Sie Ihre Bemühungen, anderen zu helfen? Menschen, die in Gefahr sind, von einem Benutzer beherrscht zu werden, haben keine klare Vorstellung davon, was sie in einer engen Beziehung von dem anderen erwarten können. Immer, wenn sie tatsächlich einmal einen Wunsch äußern, befürchten sie, gierig und anspruchsvoll zu sein und ihre Grenzen zu überschreiten. Sie geben und geben, obwohl Sie seelisch und physisch erschöpft sind. Auch wenn das Echo schwach ist, geben Sie weiterhin, weil Sie glauben, daß Sie im Laufe der Zeit schon etwas zurückbekommen werden. Wie Marilyn haben Sie vielleicht das Bedürfnis, Kontrolle auszuüben – wie schwach sie auch sein mag –, indem Sie den anderen finanziell abhängig machen. Sie haben so ein verzweifeltes Bedürfnis nach Liebe, daß Sie Ihre Selbstachtung an Ihre Bemühungen binden, das Leben des anderen auf Kosten Ihres eigenen zu verbessern.

Sechs Möglichkeiten, Benutzer zu entlarven

1. Zwischen dem, was Benutzer sagen, und dem, was sie tun, liegen Welten. Sie erzählen Ihnen, was Sie hören wollen, aber auf ihre Worte ist kein Verlaß.
2. Benutzer untergraben Ihr Selbstvertrauen. Indem sie Sie erst aufbauen und dann niedermachen, bewirken sie bei Ihnen ein Gefühl der Abhängigkeit. „Du bist die hübscheste Frau im Raum", säuselt er, „aber warum hast Du nicht das rote Kleid angezogen? Du siehst darin viel attraktiver aus."
3. Benutzer geben Ihnen nie eine ehrliche Antwort, sie lügen, verbreiten Halbwahrheiten und geben gerne anderen die Schuld.
4. Benutzer verursachen Ihnen ein schlechtes Gewissen – und geben Ihnen das Gefühl, daß etwas mit Ihnen nicht stimmt. Sie greifen auf diese Taktik zurück, wenn Sie Zweifel an ihnen haben oder ihre Absichten in Frage stellen.
5. Benutzer geben Ihnen das Gefühl, gierig oder selbstsüchtig zu sein, wenn Sie Ihre Bedürfnisse geltend machen.

6. Benutzer reagieren ärgerlich, wenn Sie sie zur Rede stellen, entweder stürmen sie davon, verschließen sich, oder sie verkehren die Situation und schieben Ihnen die Schuld zu.

Soforthilfe: Wie man sich vor Benutzern befreit

1. Bauen Sie Selbstvertrauen auf, damit Sie die innere Stärke finden, um Ihrem Instinkt zu trauen.
2. Gehen Sie über Handlungen oder Worte nicht hinweg, wenn Sie spüren, daß etwas nicht stimmt. Trauen Sie den Worten eines Menschen nur dann, wenn sein Verhalten damit übereinstimmt.
3. Halten Sie Ereignisse und Ihr entsprechendes Empfinden schriftlich fest, um Verhaltensmuster aufspüren zu können. Benutzen Sie diese Aufzeichnungen, wenn Sie den Mut aufbringen, eine Auseinandersetzung mit dem Benutzer anzufangen.
4. Lernen Sie, Grenzen zu setzen, um sich vor der Wut eines Benutzers schützen zu können.

III. Teil | Die Folgen des Vertrauensbruches

7. Kapitel Rache: „Das wirst du mir bezahlen"

Der tyrannische Chef, der Ihre Zeit und Ihre Einsatzbereitschaft fordert, Ihnen aber nicht die Gehaltserhöhung gibt, die Sie verdienen ...

Der Liebhaber, der Jahr für Jahr verspricht, sich scheiden zu lassen, es aber nie tut.

Der Freund, der beteuert, einfach nicht für die Ehe geschaffen zu sein, letztlich aber jemand anderen heiratet.

Geschichten, die Rachegefühle wecken, die Menschen an den Rand des Wahnsinns und darüber hinaus treiben, sind Legende. Sie sind der Stoff für die griechischen Sagen, für Shakespeares Stücke – und für die schmutzigen Schlagzeilen in den Medien.

Aber wer hat nicht schon einmal in Racheplänen geschwelgt oder sich geschworen, es demjenigen heimzuzahlen, „der mir Unrecht getan hat"? Es liegt in der Natur des Menschen, einen Vertrauensbruch vergelten zu wollen. Eine Rachephantasie, bei der man sich ausmalt, wie man den anderen für getanes Unrecht zahlen läßt, kann ganz befreiend wirken. Das Publikum liebt es, Leinwandhelden wie Sylvester Stallone und Arnold Schwarzenegger dabei zuzusehen, wie sie ihre Feinde auslöschen, dem Kugelhagel widerstehen, wenn sie Unrecht rächen und die Bösen für ihre niederträchtigen Taten zahlen lassen. Allein das Zuschauen bringt eine solche emotionale Befreiung. Wir fühlen uns mächtiger und haben das Gefühl, unser Leben stärker unter Kontrolle zu haben.

Rache scheint zumindest auf der Leinwand etwas Gutes zu sein. Ist dem so? Außerhalb des verdunkelten Kinos ist die Grenze zwischen dem, was man als Reaktion auf einen Verrat tun und nicht tun sollte, nicht so klar gezogen. Im wirklichen Leben schadet der Racheakt dem Rächer oft weit mehr als seiner Zielscheibe. Wie Sie in diesem Kapitel sehen werden, ist Rache nicht immer süß. Und es gibt viel wirksamere – und „gesündere" – Wege, mit einem Vertrauensbruch fertigzuwerden.

Mit jemandem abrechnen

Was treibt einen Menschen zur Rache? Manchmal ist Rache nur eine unreife Reaktion auf eine vermeintliche Kränkung oder auf ein vermeintlich feindseliges oder beleidigendes Verhalten. Lucy war auf dem Weg in die Stadt, um etwas zu besorgen. Sie wartete geduldig auf einen Parkplatz, als ein anderer Fahrer sich an ihrem Auto vorbeischlängelte und sich in die Parklücke schob. Fuchsteufelswild nahm Lucy ihre Schlüssel und machte einen langen Kratzer auf die Seite des anderen Autos. Ein mürrischer Kellner vermittelte Phyllis das Gefühl, nicht in dieses edle Restaurant zu passen. Sie fühlte sich so gekränkt, daß sie einen Pfennig Trinkgeld gab.

In Fällen wie diesen versuchen Leute, ihre verletzte Würde zu rächen. Wenn ihr Ego angegriffen wird, ist es für sie unbedingt erforderlich, irgend etwas zu tun – und sei es noch so kleinlich –, um das Unrecht zu begleichen. Vielleicht bestehen die Beleidigungen nur in ihrer Phantasie; aber sie glauben hinter den Verhaltensweisen böswillige Motive zu erkennen.

Wenn wirklich Vertrauen gebrochen wurde, ist Rache ein Mittel, auf den Menschen zurückgreifen, um vor weiterem Unrecht zu schützen und ihre Stärke unter Beweis zu stellen. Sie fühlen sich klein und herabgesetzt, und ihre Welt ist außer Kontrolle geraten. Rache scheint der einzige Weg, um wieder ein Gleichgewicht herzustellen und ein Gefühl von Sicherheit zurückzugewinnen.

Zurückzuschlagen ist eine instinktive Reaktion: Jedes Tier wehrt sich, wenn es angegriffen wird. Die Bibel fordert „Auge um Auge" – ein Opfer soll nicht ruhen, bevor es sich entsprechend gerächt hat. Den meisten von uns wurde es zwar als Tugend dargestellt, „auch die andere Wange hinzuhalten", aber dennoch ist das Bedürfnis, Vergeltung an dem zu üben, der uns betrogen oder verraten hat, tief verwurzelt.

Vergeltung ist auch eine Möglichkeit, mit Zurückweisung umzugehen und die Selbstachtung wieder aufzubauen. Wenn wir zurückschlagen, wird der Verräter schon sehen, wie das ist, und er wird sich so schlecht fühlen wie wir – vielleicht sogar noch schlechter. Viele Leute versuchen ihr Leid zu vermitteln, indem sie aus ihrer Qual auch eine Qual für den Verräter machen. Leidet am Ende auch der Täter, wird das Opfer sich erlöst fühlen. Das Gefühl, daß einem Unrecht getan wurde, kann so sehr von einem Menschen Besitz ergreifen, daß sein ganzes Dasein um die Suche nach Rache kreist.

Der Wunsch nach Rache kann auch entstehen, wenn jemand, auf den man sich fest verlassen hatte, auf einmal nicht für einen da ist. In manchen Fällen kann dieser Wunsch äußerst feindselige Formen annehmen. Vor ein paar Monaten berichteten die Zeitungen in allen Einzelheiten von der Geschichte einer bekannten Romanautorin, die sich von einem langjährigen Freund verlassen und betrogen fühlte. Sie beteiligte sich an dem Plan, in sein Appartement einzubrechen und Kunstwerke und Antiquitäten im Wert von über 800.000 Dollar zu stehlen. Warum hat sie so etwas getan? Der Polizei erzählte sie, daß sie sich bei ihm ausgeweint hätte. Sie hätte ihm von ihrer Verzweiflung über den Tod ihrer Mutter, den Bruch mit ihrem Geliebten erzählt und Selbstmordabsichten bekundet. Daraufhin hätte er leichthin geantwortet: „Tu, was du nicht lassen kannst." Zugegeben, die Antwort dieses Mannes zeugte nicht von Verständnis und war sicher keine Unterstützung. Ob er seine lapidare Äußerung nun als Scherz gemeint hatte oder ob er genug von ihren Klagen hatte, jedenfalls verursachte sie bei der Autorin ein tiefes Gefühl des Verlassenwerden. Das war so intensiv, daß es nur durch einen schlimmen Racheakt gelindert werden konnte.

In manchen Fällen ist Rache auch ein Abwehrmittel gegen unerträgliche Trauer, Demütigung und Scham. Wenn ein Kollege verspricht, Sie bei einer wichtigen Besprechung zu unterstützen und im entscheidenden Moment den Mund nicht aufmacht; wenn der Ehepartner eine Affäre hat; wenn Eltern behaupten, daß Sie Ihr Leben verpfuscht und sie enttäuscht haben. Angesichts derartiger Kränkungen wird Rache zur Methode, um das Gesicht zu wahren und das Gefühl eigener Würde zurückzugewinnen. Ein ganzer Berg von „Enthüllungsbüchern" legt Zeugnis ab für zahllose verlorene Seelen, die ihr erlittenes Unrecht zum Ausdruck bringen müssen.

Prominente Stars, Präsidenten, First Ladies und selbst die britische Königsfamilie sind schon Zielscheibe von „Ich zahle es dir heim"-Büchern gewesen. Erinnern Sie sich an „Geliebte Mutter[7]"? Die Bücher

---

[7] In diesem Buch beschreibt die Tochter der Schauspielerin Joan Crawford, wie sie von ihrer Mutter, die nach außen immer den Schein einer liebevollen Mutter wahrte, mißhandelt wurde. Das Buch wurde in den USA 1978 veröffentlicht, löste große Empörung aus und stand 42 Wochen auf der Bestsellerliste. (Anm. d. Ü.).

der Kinder von Bette Davis, Bing Crosby, den Reagans – oder des ehemaligen Butlers von Prinz Charles –, sie alle hatten ihren Ursprung in Rachegefühlen. Mit dem Geld für ihre Bücher versuchten die Autoren ihre verwundete Seelen zu besänftigen. Ihre Publikationen begründeten sie mit dem so lange ertragenen Elend – aber das ursprüngliche Motiv war höchstwahrscheinlich Rache, der Wunsch, zurückzuschlagen und erlittene Scham heimzuzahlen.

Manchmal wird Rache auch bewußt geplant. Als Lynns Chefin noch mehr Arbeit auf Lynns Schreibtisch türmte, Lynn sollte ein Angebot für ein großes Bauvorhaben entwerfen, ihr aber nicht die versprochene und längst überfällige Gehaltserhöhung gab, hatte sie endgültig genug. Sie mochte zwar ihre Stelle bei der renommierten Ingenieursfirma und auch die Arbeit dort sehr, aber ihre Vorgesetzte wurde oft ausfallend, und es war anstrengend, für sie zu arbeiten. Lynn schwor sich, eine neue Stelle zu suchen. Sie verfaßte einen neuen Lebenslauf und begann, Bewerbungen zu verschicken. Sie verlangsamte ihren Arbeitsrhythmus. Sie fand eine akzeptable Ausrede nach der anderen und kam nie dazu, dieses Angebot zu entwerfen. Sie benutzte ihre Position und die damit verbundenen Gelegenheiten, um berufliche Kontakte zu knüpfen, Leute auf Kosten ihrer Firma zum Mittagessen einzuladen und so ihre Stellensuche anzukurbeln.

„Also gut, es war vielleicht nicht sehr anständig", gab Lynn zu, „aber ich konnte es einfach nicht mehr aushalten. Meine Vorgesetzte hatte mich acht Jahre lang ausgenutzt. Ich war immer loyal gewesen und hatte weit mehr getan, als mein Job verlangte. Aber von ihr kam nur selten Lob – und finanzielle Anerkennung für meine großen Anstrengungen gab es überhaupt nicht. Schließlich habe ich sie zahlen lassen."

Während Lynn sich absichtlich daranmachte, es ihrer Vorgesetzten heimzuzahlen, war Garys Rache unbewußt. Gary und Jeannie waren zwei Jahre zusammen, als sie sich in ihrem letzten Studienjahr verlobten. Aber Jeannie wurde von ihrer Familie unter Druck gesetzt, und einen Monat nach der Examensfeier löste sie die Verlobung. Im folgenden Jahr ging Gary kaum aus und träumte ständig davon, mit Jeannie zusammen zu sein. Als sie schließlich anrief und die Beziehung wieder aufnehmen wollte, ging Gary sofort darauf ein.

„Was hätte ich sonst tun sollen?“ fragte Gary. Aber es war nur eine rhetorische Frage. „Schließlich war sie mir ein Jahr lang nicht aus dem Kopf gegangen.“ Aber er konnte die alte Leidenschaft und Freude nicht wieder finden. Jeannie dagegen machte Hochzeitspläne – genau zu diesem Zeitpunkt begann Gary eine Affäre mit einer verheirateten Frau.

„Meine Beziehung zu dieser Frau bedeutete mir gar nichts“, beteuerte Gary: „Jeannie kam dahinter, als sie eine Nachricht von ihr auf dem Anrufbeantworter hörte. Ich wußte, daß die Nachricht auf dem Band war und habe mir sogar überlegt, nach oben zu laufen und sie zu löschen. Aber ich habe es nicht getan. Es war dumm, Jeannie zu verletzen war das letzte, was ich wollte.“ Aber genau das hatte er getan. Garys Unterlassung und die Affäre waren seine unbewußte Rache für die Wunden der Vergangenheit. Er hatte das Konto ausgeglichen.

Auch in der Ehe kommt es oft zu Racheakten, insbesondere nach einer erbittert geführten Trennung oder Scheidung. Sally, eine Hausfrau, und Drew, ein freiberuflicher Redakteur, waren fünf Jahre lang zusammen, und sie hatten einen vierjährigen Sohn. Aber die Ehe ging zu Ende als Drew sich in Meryl verliebte, Sallys beste Freundin. Sally war am Boden zerstört und startete einen Kreuzzug, den sie selbst kaum verstand. Sie schikanierte Drew mit nächtlichen Anrufen in seiner neuen Wohnung. Sie nahm im Namen ihres Ex-Ehemannes Kredite auf, freundete sich mit seinen Nachbarn an, damit sie ihm nachspionieren konnte. Am traurigsten war, wie sie ihren Sohn bei diesem Rachespiel als Pfand benutzte. Er sollte immer wieder zu Drew sagen: „Ich hasse Meryl, und ich will, daß Mom und du wieder zusammenkommt."

Nach einem Seitensprung ist es nicht ungewöhnlich, daß die Rache die Form einer „Wie du mir, so ich dir"-Affäre annimmt. Monica und Carl sind dafür ein gutes Beispiel. Sie waren seit zwei Jahren verheiratet und schienen das perfekte Paar zu sein. Aber ein einmaliger Seitensprung, den Carl auf einer Geschäftsreise gehabt hatte, führte zu einer Reihe von Vergeltungsschlägen, die die Ehe schließlich zerstörten. Als Monica entdeckte, daß Carl mit einer Kollegin geschlafen hatte, begann sie eine Affäre mit einem ihrer Kollegen. Carl fand das heraus, als der Mann eines Abends bei ihnen zu Hause anrief und Carl das Telefon abnahm. Wütend ließ er eine zweistündige Tirade darüber vom Stapel, wie sehr Monica ihn betrogen habe und daß er ihr nie wieder vertrauen könne. Daß sein eigener Vertrauensbruch ursprünglich die Krise ausgelöst hatte, ignorierte er dabei zweckmäßigerweise. Monica schlief dennoch auch weiterhin mit ihrem Mitarbeiter. Affären als Racheakt wurden zu ihrer Methode, sich gegen einen künftigen Vertrauensbruch zu schützen – ein Verhalten, das sie konkret daran hinderte, in angemessener Weise über die Ehekrise zu sprechen und eine Lösung zu finden. Ganz zu schweigen davon, das gegenseitige Vertrauen wieder aufzubauen, das für eine glückliche, gesunde Beziehung unerläßlich ist.

Monica und Carl hatten berechtigterweise beide das Gefühl, daß ihnen Unrecht geschehen war. Aber statt zu lernen, wie man über einen Vertrauensbruch spricht, starteten sie einen Angriff nach dem anderen, jeder verletzender als der vorherige. Jede Unterhaltung wurde zu einem Kampf darum, wer die Schuld trug. Wenn Rache so eskaliert, wenn Ungerechtigkeiten sich häufen, entsteht eine verzehrende Wut, die eine Vorstufe zu Gewalt werden kann.

Im Extremfall kann der Versuch, es dem anderen heimzuzahlen, ein Eigenleben entwickeln. Opfer denken, daß sie einen Teil ihres eigenen Lebens wieder aufbauen können, wenn sie das Ego des Verräters anschlagen oder sein Leben zerstören können. Opfer wie z.B. Sally können sich keine anderen Kraftquellen erschließen, als den Verräter zu verfolgen. Sie glauben, sich selbst stärken zu können, wenn sie die neue Beziehung, die neue Ehe oder den neuen Job des Verräters zerstören. Sally begreift nicht, daß sie sich nicht selbst wieder aufbauen kann, indem sie jemand anders niedermacht. Statt sich neu zu orientieren, verschwendet sie ihre Energie damit, sich wie besessen mit ihrem früheren Ehemann zu beschäftigen. Noch schlimmer ist, daß sie dabei ihren eigenen Sohn verrät.

Taktische Manöver

Rache hat viele Gesichter. Die harmloseste Form der Rache ist das *Wunschdenken.* Im Geiste sind Sie der große Redner, der immer die richtigen Worte findet. Sie können sich der Kollegin gegenüber behaupten, die Ihre Ideen gestohlen und als ihre eigenen dargestellt hat – und ihr sagen, was für eine hinterhältige Schwindlerin sie ist ... Sie können dem Partner, der Sie betrügt, ins Gesicht sagen, was für ein selbstsüchtiger, rücksichtsloser Schuft er ist ... Sie können eine Freundin klar und deutlich wissen lassen, daß sie falsch und egoistisch ist und Sie ihre Machenschaften nicht länger dulden werden.

Natürlich ist eine derartige Eloquenz für die meisten Leute nicht mehr als eine Wunschvorstellung. Wenn man mit einem Vertrauensbruch umgehen muß, kann sie allerdings ein dringend nötiges Frustrations-Ventil sein und bis zu einem gewissen Grad helfen, den Schmerz zu verarbeiten. Wenn Sie sich im Geist vorsprechen, was Sie hätten sagen sollen oder tun können, fühlen Sie sich schon erleichtert. Solche Rachephantasien erfüllen ihren Zweck und haben meistens keine weiteren Folgen.

Ein andermal rächen sich Menschen, indem sie absichtlich gar nichts tun. Dieses passiv-aggressive Verhalten – jemanden dadurch provozieren und zur Raserei zu bringen, daß man nicht tut, worum er oder sie gebeten hat – ist eine gemäßigte Form der Rache. Wenn eine Freundin ein Geheimnis verrät, das Sie Ihr anvertraut haben, „vergessen" Sie vielleicht, die zusätzlichen Konzertkarten zu bestellen, um die sie Sie gebeten hat. Wenn Ihr Freund bei einer Party mit Ihrer besten Freundin flirtet, können Sie sich später am Abend weigern, mit ihm zu schlafen. Aber diese passive Rachsucht kann sich auch gegen einen wenden.

Angie, Assistentin in einer Public Relations Firma, war wütend, weil ihr Vorgesetzter trotz ihrer regelmäßigen Überstunden ihrer mit Arbeit verbrachten Wochenenden eine Gehaltserhöhung ablehnte. Aus Trotz ließ sie sich für einen wichtigen Bericht, den sie für ihn zu schreiben hatte, mehr Zeit als nötig. Sie wußte, daß er den Bericht für eine Besprechung im Direktorium brauchte. Angie fühlte sich im Recht und merkte erst später, daß man sich bei solchen Aktionen oft auch selbst sabotiert. Als ihr Vorgesetzter entdeckte, daß der Bericht zu spät kam, fühlte er sich erst recht berechtigt, ihr die Gehaltserhöhung zu verweigern, und sie verlor gute Argumente für ihre Verhandlungen. Das war eine harte Lehre für Angie.

Groll ist eine andere Form von Rache. Schwelender Ärger ist schwer abzubauen, denn er wirkt wie ein schützender Panzer, während man den Schmerz verarbeitet und Zuversicht sucht. Groll ist die häufigste Reaktion auf verkappte Bosheit, wie Lügen, Gerüchte, Klatsch oder Angriffe auf den Charakter. Zum Beispiel können Sie nicht beweisen, daß Ihre Freundin Jill in Ihrer Firma schlecht über Sie geredet hat – die Mitarbeiterin, die von Jills Bemerkungen erzählt hat, hat Ihnen das Versprechen abgenommen, ihre Quelle nicht zu verraten. Deshalb haben Sie nichts Bestimmtes, worauf Sie Ihre Freundin Jill ansprechen können. Aber Sie hegen einen Groll und sprechen nicht mehr mit ihr. Mit der Zeit kühlt die Wut ab und läßt Raum für Versöhnung. Sie können mit dem Betreffenden über Ihren Groll sprechen und den Schaden reparieren. Groll kann sogar nützlich sein, wenn er nicht ewig anhält und Sie ihn als Chance nutzen, Ihre Beziehung neu zu beurteilen und zu entscheiden, ob Sie den Verräter zur Rede stellen oder die Beziehung beenden wollen. Jerry, den wir im 4. Kapitel kennengelernt haben, hegte einen Groll gegen seinen Kollegen Chris, weil der sich geweigert hatte, ihm eine berufliche Empfehlung zu geben. Ungefähr sechs Wochen lang weigerte er sich, Chris' Anrufe anzunehmen oder sich mit ihm Freitag abends zu den gewohnten Drinks zu treffen. In dieser Zeit zog er Bilanz und überlegte sich genau, was er in dieser Situation tun wollte.

Je länger Ihr Ärger schwelt, desto weniger Gelegenheit haben Sie natürlich, herauszufinden, was schief gegangen ist, warum sie so leichtgläubig waren und wie Sie in Zukunft weniger Angriffspunkte bieten können, wenn wir unserem Ärger nicht Luft machen können oder wollen, steigt er, und zuviel aufgestauter Groll führt uns unweigerlich in eine Art *kalten Krieg*. Das Ziel? Absichtlich Schmerz und Kummer zuzufügen, indem man den anderen zurückweist und die Beziehung löst. Jeff, der seinem Bruder Howard nicht vergeben wollte, nachdem dieser mit seiner Frau Doreen geschlafen hatte, bereitete seine Rache ein perverses Vergnügen. Trotz der Versöhnungsangebote seines Bruders und der dringenden Bitten von Familienmitgliedern, die Beziehung wieder ins Lot zu bringen, weigerte Jeff sich mehrere Jahre lang nachzugeben. Liebesentzug war die einzige Waffe, die ihm nach dem Verlust seiner Frau blieb.

Ein kalter Krieg kann ein paar Tage dauern, einige Monate oder gar Jahre. Er verwirrt den angeblichen Verräter, der vielleicht nur eine leise Ahnung von Ihrer Wut hat. Im 3. Kapitel lernten wir Meredith und Beverly kennen, zwei junge aufsteigende Sterne im Bankgeschäft. Ihre Freundschaft zerbrach, als Beverly Meredith verdächtigt, einem Stellenangebot im Weg gestanden und sie so verraten zu haben. Beverly vertraute Meredith nicht genug, um zu wissen, daß diese sie nie absichtlich verletzen würde. In ihrer Wut gab sie Meredith keine Gelegenheit, ihr Verhalten zu erklären. Sie stellte Vermutungen auf, meißelte sie in Stein und lehnte jede Versöhnung ab. Sie hätte die ganze Situation klären sollen. Weil sie das aber nicht tat, mußte sie mit ihrer eigenen Version leben und wurde zum Opfer eines kalten Krieges, den sie selbst verursacht hatte.

Das Schweigen kann vernichtender sein als jeder Wutausbruch. Kalte Krieger konfrontieren ihre Gegner mit Verwirrung und Schuldgefühlen und geben ihnen keine Gelegenheit, ihre Beweggründe zu erklären oder ihr Verhalten zu rechtfertigen. Die Wut ist wichtiger als ihre Ursache oder eine mögliche Lösung. Darum machen Menschen wie Beverly keine Fortschritte. Sie bestrafen denjenigen, der sie im Stich gelassen hat, hegen glühende Wut und laufen Gefahr, das gleiche Interaktionsmuster in anderen Beziehungen zu wiederholen.

Ganz anders steht es mit der *Rachsucht,* einer unbezähmbaren Wut, die sich gegen den Menschen richtet, der Sie Ihrer Überzeugung nach zugrunde gerichtet und ihre Rache provoziert hat. Das ist die selbstzerstörerischste Form der Rache – Rache zum Selbstzweck. Menschen, die von Rachsucht verzehrt werden, äußern nicht den Wunsch, den Verräter zur Rede zu stellen, ihn zurückzugewinnen oder die Beziehung wiederherzustellen. Wenn ihnen eine Entschuldigung angeboten wird, kann das ihren Zorn noch verstärken, weil die Entschuldigung ihr Gefühl bestätigt, was wiederum die Rache rechtfertigt. Wie wir im 4. Kapitel gesehen haben, war Melissa so wütend, als Carly ihr ihren langjährigen Freund wegnahm, daß sie sich weigerte, Carlys Entschuldigungen zu akzeptieren. Je mehr Carly die Versöhnung suchte, desto mehr fühlte Melissa sich berechtigt, zurückzuschlagen, sie durch nächtliche Anrufe zu belästigen etc. Rachsucht kann sogar dazu führen, daß man dem anderen auflauert. Wutausbrüche können im Extremfall sogar zum Mord führen.

Seit mehreren Monaten hatte die vierundzwanzigjährige Bonnie versucht, mit Roy, mit dem sie zwei Jahre lang zusammen gewesen war, Schluß zu machen. Aber er ließ sie nicht gehen. Er war besitzergreifend bis zur Besessenheit, folgte ihr zur Arbeit und versteckte sich in den Büschen vor ihrem Haus. Er rief sogar mehrfach bei ihr an, um sie zu verfluchen, hängte aber auf, wenn jemand anders das Telefon abnahm. Unfähig, seine Wut zu kontrollieren, betrat er das Lokal, in dem sie als Kellnerin arbeitete, schoß sie vor den entsetzten Augen der Mitarbeiter und Gäste in die Brust und wandte anschließend die Waffe gegen sich selbst.

Rundfunk und Zeitungen sind voll von solchen Horrorgeschichten. Dabei sieht es immer so aus, als wollte der Rachsüchtige seine Partnerin zurückhaben. Aber in Wahrheit will er es ihr heimzahlen. Die Folgen seiner Taten spielen für ihn keine Rolle mehr. Da er sein Leben ohnehin sinnlos findet, versucht er – vollkommen irrational – das Leben der vermeintlichen Verräterin zu beenden oder es so freudlos wie sein eigenes zu machen. Er zielt auf ihren schwachen Stellen bzw. auf das, was sie am meisten liebt.

Wenn die Verräterin zum Beispiel eine wichtige Position innehat, kann das Opfer versuchen, ihren beruflichen Status zu untergraben und ihren Ruf zu beschädigen. Jackie war todunglücklich und wütend, als Sid, ein junger Steuerberater, nach zwei Jahren ihre Beziehung beendete, um sich mit einer ihrer angeblich engen Freundinnen zu liieren. Sechs Monate lang sah sie ihn nicht mehr und sprach auch nicht mit ihm, bis sie sich zufällig auf der Party einer Freundin trafen. Alles schien wie früher. „Sid war liebenswürdig, aufmerksam und amüsant", erinnert sich Jackie, „und als er anbot, mich nach Hause zu bringen, dachte ich, daß es nicht schaden könnte, ihn auf einen Drink einzuladen." Aber als Jackie sich entschuldigte, um ins Bad zu gehen, zog Sid sich aus und legte sich schnell ins Bett. Jackie war entsetzt. „Wie konnte er erwarten, daß ich mit ihm schlafen würde?" fragt sie und noch Monate später zittert ihre Stimme vor Wut. Jackie war empört, weil Sid davon ausgegangen war, daß er die Beziehung da wieder aufnehmen könnte, wo er sie beendet hatte. Dieser Abend verwandelte sich schnell in ein so hitziges Gefecht, daß die Nachbarn die Polizei riefen. Als die Beamten an die Tür klopften, platzte Jackie heraus: „Er hat versucht, mich zu vergewaltigen!" Die Wut, die monatelang unterschwellig an Jackie genagt hatte, brach in dieser einen Beschuldigung heraus. Obwohl die Beschuldigung unbegründet war, behagte die Aufmerksamkeit der Öffentlichkeit Sids Geschäftspartnern nicht. Sie setzten ihn unter Druck, aus der Firma auszuscheiden.

In ähnlicher Weise kann ein betrogener Ehepartner die Kinder in einem Tauziehen mit der ehemaligen Frau oder dem Ex-Mann einsetzen. Als Erics Frau Joyce ihn nach fünfzehn Jahren Ehe verließ, war Eric, ein Architekt, so wütend, daß er ihren achtjährigen Sohn tötete und dann Selbstmord beging. Eric glaubte, daß sein Leben vorbei sei. Indem er sein Kind tötete, zerstörte er auch einen Teil seiner selbst. Für Menschen wie Eric ist der Vertrauensbruch so tiefgreifend, und die Wut macht sie so blind, daß ihnen die Folgen ihrer Rache gleichgültig sind.

Auch Doug war verrückt vor Wut, als seine Ex-Frau wieder heiratete und mit den beiden Kindern weit wegzog. „Sie kann mir die Kinder nicht wegnehmen", sagte er in einer stürmischen Sitzung zu mir. „Das lasse ich nicht zu. Eher bringe ich sie um." Doug plante allen Ernstes, seine Frau mit dem Auto zu überfahren. Es war nicht leicht, ihn zur Vernunft zu bringen und ihm zu zeigen, welche Folgen sein Zorn nicht nur für sein Leben, sondern auch für das Leben seiner Kinder haben würde. „Sie würden beide Eltern verlieren", machte ich ihn aufmerksam. „Ihre Frau wäre tot und Sie im Gefängnis."

Weil er seinen Rachephantasien freien Lauf und seinen Ärger bei mir verbalisieren konnte, beruhigte Doug sich schließlich und konnte die Folgen seines Racheplans kritisch betrachten.

Der Wunsch nach Rache kann Sie dazu bringen, laut zu denken, Rachephantasien mitzuteilen und mit vertrauten Menschen darüber zu reden, wie ungerecht Sie behandelt worden sind. Solche Gespräche gehören zum Heilungsprozeß, in dem Sie vergangene Verletzungen überwinden und Mut und Hoffnung zum Weiterleben finden. Rachegedanken sind hingegen selbstzerstörerisch, wenn Ihre Wut von neuem anfacht, mit anderen darüber zu sprechen, und sie womöglich dazu treibt, Ihre Phantasien wahr zu machen; oder wenn Sie in Ihrem Zorn Unschuldige verletzen – wie zum Beispiel die Ehefrau, die ihren Sohn mitten in den Scheidungskrieg stellt und Loyalitätskonflikte auslöst.

Wenn meine Klienten nicht über ihre Wut hinwegkommen, helfe ich ihnen, indem ich ihnen erkläre, daß Ärger Energie ist. Wenn Sie Ihren Ärger richtig einsetzen, kann er Sie antreiben, wie ein Auto, das zum Fahren Benzin braucht. Aber wenn zuviel Treibstoff in den Motor kommt, „säuft" er ab. Ebenso werden Sie gelähmt, wenn Sie sich von Rachegefühlen überschwemmen lassen. Sie bleiben emotional stecken und weiterhin an die Person gebunden, die Sie betrogen hat. Verbringen Sie zu viel Zeit in der Rolle des Opfers, verausgaben Sie Ihre Energie und verpassen wichtige Gelegenheiten für persönliches Wachstum.

Solange Sie an Rachegefühlen irgendeiner Art festhalten, hat der Betrüger weiterhin Macht über Sie. Wenn Sie Groll mit sich herumtragen, lassen Sie sich von der Vergangenheit beherrschen, statt sie aufzuarbeiten, um sich zu befreien. Rache gefährdet Ihre seelische Gesundheit.

Wie Rache süß sein kann

Es gibt aber eine Möglichkeit, wie Rache doch konstruktiv sein kann: wenn sie Sie dazu motiviert, Ihren Wert unter Beweis zu stellen. „Ich bin verrückt vor Wut, und ich mache das nicht länger mit!" sagt zum Beispiel eine Figur in dem Film „Network". Wenn Sie nach einem Vertrauensbruch merken „Ich zähle; ich bin wichtig" – und sich und anderen beweisen, daß Sie wirklich Liebe und Vertrauen wert sind – dann, und nur dann, kann Rache eine positive Kraft sein.

Die Redensart „Ein gutes Leben ist die beste Rache" besagt im gleichen Sinne, daß Sie den Menschen, der Sie betrogen hat, nicht zerstören müssen, um einen Vertrauensbruch zu rächen. Stattdessen sollten Sie sich und Ihr Leben verbessern. Statt zurückzuschlagen, schlagen Sie Ihren eigenen Weg ein. Sie werden sich stärker fühlen. Auseinandersetzungsfähigkeit kann man lernen!

8. Kapitel Reden oder nicht reden? Was man in einer Vertrauenskrise sagen und tun sollte

Wenn Rache außer Kontrolle geratene Wut ist, dann geht es darum, sie auf konstruktive Weise zu kanalisieren. Nach einem Vertrauensbruch ist die Auseinandersetzung mit dem anderen ein heilsamer und oft notwendiger Schritt. Sie kann Ihre angeschlagene Selbstachtung wieder herstellen und Sie vor künftigen Verletzungen schützen. Sie kann auch Ihre einzige Gelegenheit sein, Verräter zur Verantwortung zu ziehen und sich ein Bild davon zu machen, welche Rolle Sie selbst bei dem Vertrauensbruch gespielt haben.

Denn es besteht kein Zweifel: wenn Sie Opfer eines Vertrauensbruches wurden, dann tragen auch Sie einen Teil der Verantwortung dafür. Sie haben nichts falsch gemacht; es war nicht „Ihre Schuld"; und Sie sollten sich keine Vorwürfe machen. Aber Sie haben Hinweise übersehen. Wenn auch ungewollt, waren Sie an Ihrer eigenen Vertrauenskrise beteiligt. Sie müssen herausfinden, warum es passiert ist, damit Sie in Zukunft ausgewogene, wirklich vertrauensvolle Beziehungen gestalten können.

Eine Auseinandersetzung kann auch ein Freundschaftsdienst sein. Manchen Menschen ist wirklich nicht bewußt, daß sie Verrat geübt haben. Wenn Sie sich mit ihnen auseinandersetzen, tragen Sie dazu bei, daß sie sich ihrer Verantwortung stärker bewußt werden. Sie stellen eine Beziehung wieder her, die sonst unter dem

Gewicht der Mißverständnisse zerbröckelt wäre. Aber eine Auseinandersetzung ist anstrengend. Die meisten Leute wissen nicht, was sie tun sollen, wenn sie merken, daß sie betrogen wurden. Sie sind verstört und fühlen sich wie gelähmt. Es fällt ihnen schwer, zu begreifen, was passiert ist, und herauszufinden, was schiefgegangen ist oder was sie als nächstes tun sollen. Sie fragen sich: „Soll ich offen meine Meinung sagen und wissen lassen, wie ich mich fühle? Oder soll ich nichts sagen und versuchen, das Ganze zu vergessen? Was sagen, um nicht albern zu erscheinen oder die Situation noch unerträglicher zu machen?

Wenn jemand einen Vertrauensbruch begeht, dann haben Sie mehrere Handlungsmöglichkeiten. Sie können sich sofort mit ihm darüber auseinandersetzen. Sie können eine Auseinandersetzung vermeiden, sich ihm gegenüber aber anders verhalten als vorher. Oder Sie können den Kontakt abbrechen. Keinesfalls dürfen Sie einen Vertrauensbruch ignorieren, denn das wäre für Ihr Selbstvertrauen sehr belastend. Es gibt zwar keine Garantie dafür, daß eine Auseinandersetzung eine Lösung für die Vertrauenskrise bringt. Ungeklärte Angelegenheiten hängen den Opfern lange nach.

Lernen, wie man seine Meinung sagt

Unglückseligerweise sagen oder tun die meisten Menschen nicht das, was sie eigentlich wollen. Dafür gibt es viele Gründe. Vielen Leuten ist nicht klar, was eine Auseinandersetzung bedeutet. Sich mit jemand auseinanderzusetzen heißt nicht, sich mit ihm zu streiten. Es heißt einfach, anzusprechen, was vorgefallen ist, und seine Meinung zu vertreten.

Vielleicht sind Sie in einem strengen und kritischen Zuhause aufgewachsen, in dem auf Gefühle selten Rücksicht genommen wurde und Ihre Emotionen im Keim erstickt wurden. Wenn das der Fall ist, glauben Sie vielleicht, daß Sie gar nicht das Recht haben, wütend zu sein. Jede Meinungsverschiedenheit kann bei Ihnen die alten Unsicherheiten und Ängste hervorrufen. Immer wieder tendieren Sie dazu, Vertrauensbrüche zu ignorieren.

Vielleicht scheuen Sie auch vor einer Auseinandersetzung zurück, weil Sie zu wütend und zu aufgeregt sind. Ihre Wut wirkt wie ein Schutzschild vor dem Verlust, aber wenn sie nicht gelöst wird, kann das eine ganze Reihe von physischen und psychologischen Symptomen auslösen, von Nacken- und Rückenschmerzen über Magen-Darm-Beschwerden bis hin zu Depressionen.

Vielleicht ziehen Sie das Schweigen vor, weil Sie Angst vor der Reaktion des anderen haben. Es könnte alles noch schlimmer werden ... Sie fürchten, daß eine Auseinandersetzung zum Kampf führt und Sie einen weiteren Schlag abbekommen. Oder Sie befürchten einen weiteren Verrat, wenn der andere sein Tun abstreitet, lügt oder womöglich zugibt, daß er Ihr Vertrauen gebrochen hat, weil ihm nie an Ihnen gelegen war.

Ich bekomme häufig zu hören, daß Menschen die Auseinandersetzung scheuen, weil sie sich vor zornigen Reaktionen fürchten und lieber nachgeben oder sich zurückziehen. Sie können auch Angst vor den Folgen haben: Wer zur Rede gestellt wird, kann sich rächen, andere gegen einen aufbringen oder einen erneut zurückweisen. Man kann Mut gewinnen, indem man vor dem Spiegel übt, einen Cassettenrekorder benutzt oder die Aussprache mit einem Dritten durchspricht.

Warum die Auseinandersetzung so wichtig ist
Vier Beispiele

Eine Auseinandersetzung dient mehreren Zwecken, entspringt aber immer dem Bedürfnis zu verstehen, warum ein Mensch, dem Sie vertraut haben, Ihnen so etwas angetan hat. Eine Auseinandersetzung bietet die Möglichkeit, mit den negativen Gefühlen umzugehen, die in Ihnen aufgewühlt worden sind. Wenn Sie den anderen auf sein Verhalten ansprechen, werden Sie die Gründe für sein rücksichtsloses Verhalten zu hören bekommen. Auch wenn diese Antworten nicht Ihren Erwartungen entsprechen und selbst, wenn er schweigt, werden Sie aus der Erfahrung etwas Wichtiges für Ihre künftigen Beziehungen lernen. Dank dieser Informationen können Sie entscheiden, ob Sie die Beziehung wiederherstellen oder lösen wollen. Damit eine Auseinandersetzung Erfolg hat, müssen Sie sich aber im klaren darüber sein, was Sie damit erreichen wollen. Überlegen Sie sich darum vorher: ob Sie versuchen wollen, den Schaden zu reparieren und die Beziehung neu zu definieren oder ob Sie die Beziehung ganz lösen wollen. Lassen Sie uns bei den Menschen nachfragen, die wir in früheren Kapiteln kennengelernt haben, und sehen, wie sie mit der Auseinandersetzung über die Vertrauenskrise umgegangen sind.

Eliots Geschichte

Eliot ist der Geschäftsmann, den wir im 5. Kapitel kennengelernt haben. Es hatte ihm die Sprache verschlagen, als er erfuhr, daß Barry, der Freund aus seinen Kindertagen und College-Professor das versprochene Empfehlungsschreiben für seinen Sohn nicht geschrieben hatte.

Er war offen für eine Versöhnung. „Barry und ich kannten uns seit dreißig Jahren", erzählt er mir. „Wir haben an jedem wichtigen Ereignis im Leben des anderen Anteil genommen. Er war wie ein Bruder, und sogar für meine Eltern war er Teil unserer Familie. Ich wollte diese Freundschaft retten." Aber als Eliot Barry anrief und ihn fragte, warum er nicht nur sein Versprechen nicht gehalten, sondern auch noch gelogen hatte, schwieg Barry. „Wenn er sich entschuldigt oder wenigstens eine schwache Ausrede gestammelt hätte, hätten wir wahrscheinlich Freunde bleiben können", überlegt Eliot. „Aber er sagte nicht ein einziges Wort. Das brachte mich zum Kochen. Es wäre so leicht für ihn gewesen. Ich habe das Gefühl, daß er uns alle betrogen hat." Daß Barry nicht reagierte, war für Eliot ein weiterer Beweis für dessen Gleichgültigkeit ihm und seiner Familie gegenüber. Eliot hat seitdem nicht mehr mit Barry gesprochen und hat auch nicht vor, es wieder zu tun.

Lindas Geschichte

Im 1. Kapitel haben wir Linda kennengelernt. Sie sah die Auseinandersetzung als Gelegenheit, ihrer Beziehung zu Tom, dem langjährigen Kollegen und Freund, einen anderen Rahmen zu geben und sie neu zu definieren. Anfangs stellte Linda Tom zur Rede und beschimpfte ihn wütend, weil er ihr in den Rücken gefallen war. Es überrascht wenig, daß Tom seine Verhaltensweisen verteidigte und Linda einen Rückzieher machte.

Während der nächsten paar Wochen lehnte Linda Toms Annäherungsversuche ab. Sie merke, daß sie in der Vergangenheit einen großen Teil seines selbstsüchtigen Verhaltens übersehen hatte – wie er sich bei gemeinsamen Projekten auf ihren Arbeitseinsatz verlassen hatte oder wie sie wertvolle Arbeitszeit verloren hatte, weil er ständig zu spät kam. Aber bei ihren Überlegungen wurde ihr klar, daß ihr diese berufliche Freundschaft doch etwas bedeutete. Außerdem bezeugten Toms Entschuldigungsversuche seinen guten Willen. „Da wir im gleichen Gebiet arbeiten, schien es vernünftig, weiter gut mit ihm auszukommen", erklärte Linda. „Ich meine das nicht zynisch, aber warum soll ich Brücken hinter mir abbrechen, wenn ich lernen kann, anders mit der Situation umzugehen?"

Diese Erkenntnisse gaben Linda die Kraft, sich noch einmal mit Tom auseinanderzusetzen. Sie bat ihn, mit ihr nach der Arbeit etwas trinken zu gehen, und diesmal schlug sie einen anderen Weg ein. Statt Tom Vorwürfe zu machen, ging sie aufgeschlossen auf ihn zu. „Warum hast du es mir nicht vorher gesagt?" fragte sie ihn. Prompt reagierte auch Tom anders. „Du hast recht", sagte er leise. „Ich wünschte, ich hätte es dir erzählt. Ich war im Zwiespalt, und ich hatte ein schlechtes Gewissen. Ich dachte, ich hätte die richtige Entscheidung getroffen, aber jetzt sehe ich das anders."

Lindas zweite Auseinandersetzung hatte Erfolg, denn statt Tom Vorwürfe zu machen, ließ sie ihm Raum, sich zu entschuldigen und für sein Verhalten Verantwortung zu übernehmen. Auch war sie nun in der Lage, ihren Ärger konstruktiv zu nutzen. Sie zog klarere Grenzen und stand für andere weniger zur Verfügung. Sie machte sich keine großen Umstände mehr, um Tom zu helfen. Wenn er zu einer geplanten Besprechung mehr als fünf Minuten zu spät kam, ging sie. Sie trennte die persönliche Freundschaft von der Arbeitsbeziehung und war dadurch in der Lage, ihren Kontakt zu Tom auf einer für sie akzeptablen Ebene aufrecht zu erhalten. Vor allem fühlte sie sich nicht länger als Opfer. Nachdem sie selbst eine klare Vorstellung davon hatte, wie die Beziehung weitergehen sollte, konnte sie sie zu ihren eigenen Bedingungen wieder aufbauen.

Lonis Geschichte

Es gibt auch Menschen, die einen Verräter mit der eindeutigen Absicht zur Rede stellen, die Beziehung zu lösen. Loni war fünfzehn Jahre mit Carol befreundet gewesen, aber es war eine einseitige Freundschaft, bei der sich Loni unbehaglich fühlte. Jedesmal, wenn sie Carol auf ihr Verhalten ansprach, antwortete diese: „Ach, weißt du, so bin ich eben." Jahrelang kochte Loni im stillen – bis Carol vergaß, in der Wohnung eines gemeinsamen Freundes ein Päckchen abzuholen. So etwas passierte Carol häufig – aber Loni hatte endgültig genug. Nach einer vierwöchigen Sendepause, während derer Loni sich weigerte, Carol zurückzurufen, schrieb sie ihr einen kurzen und bündigen Brief.

„Ich sagte ihr, ich sei es leid, daß sie nie für mich da war, nie bereit, sich um meinetwillen Umstände zu machen. Obwohl sie sich diesmal nicht anders benommen hatte als tausendmal vorher, beschloß ich, daß ich nicht länger mit ihr befreunde bleiben wollte", berichtet mir Loni. „Carol war bestürzt und begann zu weinen. Sie entschuldige sich und versprach, daß so etwas nicht mehr vorkommen würde. Aber ich hatte ihr so viele Jahre lang immer wieder eine Chance gegeben. Ich zweifelte an ihrer Fähigkeit, sich zu ändern." Obwohl Loni Carols Entschuldigung annahm, nutze sie diese Gelegenheit, um ihre Erwartungen an eine Freundschaft zu prüfen. Sie merkte, daß Carol ihnen nicht mehr gerecht wurde. „Mir war auf einmal ein Licht aufgegangen. Ich wollte sie einfach nicht mehr in meinem Leben."

Andere Leute wiederum weichen einer Auseinandersetzung lange aus, bis der Verrat so unerträglich wird, daß sie sich zu einer Reaktion gezwungen fühlen. Nehmen wir Myra. Sie wollte herausfinden, warum Sophia sie so schlecht behandelte, und hoffte, daß sie Klarheit in die Sache bringen und den Schaden reparieren könnte. Doch sie entdeckte, daß die Beziehung Sophia viel weniger bedeutete als ihr.

„Ich kam mir wie ein Idiot vor", sagte Myra, als sie sich daran erinnert, wie sie Sophia auf ihren Egoismus angesprochen hatte. „Ich fühlte mich so verletzlich, und sie trat meine Gefühle mit Füßen und sagte zu mir, daß ich zu sehr klammerte. Um ehrlich zu sein: Ich hätte nicht für möglich gehalten, daß sie so etwa sagen könnte, wenn ich es nicht selbst von ihr gehört hätte. Ich mußte mir von ihr sagen lassen, daß unsere Beziehung ihr in Wirklichkeit nichts bedeutete. Nur so konnte ich es in meinen Dickschädel bekommen."

Wenn Sie wie Myra einen Vertrauensbruch erlebt haben, der so tief geht, fällt es Ihnen vielleicht schwer, das Vertrauen wieder aufzubauen, und Sie haben große Angst vor einer Auseinandersetzung. Eine Auseinandersetzung kann aber auch den Zweck haben, Sie von einer Beziehung zu befreien, die kein Vertrauen verdient. Vielleicht passen Ihre Erwartungen an eine Freundschaft überhaupt nicht zu denen Ihres Gegenübers. Wie Myra müssen Sie vom Betrüger selbst hören, wie gnadenlos und leichtfertig er seine Täuschungsmanöver durchführt. Erst dann werden Sie glauben, daß Sie ohne ihn besser fahren.

Zweck jeder Auseinandersetzung ist, Ihre Gefühle so klar zu vermitteln, daß der andere sich bewußt wird, wie sein Verhalten auf Sie gewirkt hat. Womit fangen Sie also am besten an? Wie können Sie vorgehen?

Gesprächstaktik: etwas in Gang bringen

Bevor Sie beginnen, müssen Sie die Situation beurteilen. Entscheiden Sie, ob Sie den Betrüger direkt zur Rede stellen wollen oder nicht. Je sorgfältiger Sie den Verrat analysieren, desto sicherer wählen Sie den besten Weg. Wägen Sie zuerst ab, ob Sie es mit einem Rivalen, einem Bewunderer oder einem Benutzer zu tun haben. Handelt es sich um eine Lüge, ein Gerücht, einen Angriff auf Ihren Charakter oder den Versuch, Ihren Erfolg zu untergraben? Überlegen Sie sich, ob es ein direkter oder ein indirekter Vertrauensbruch war. Vielleicht haben Sie sich über etwas aufgeregt, was Sie nur vom Hörensagen wissen und das Sie nicht wirklich beweisen können. Sie müssen auch über die Art der Beziehung zu demjenigen nachdenken, der Ihr Vertrauen gebrochen hat. Folgenden Fragen werden Ihnen helfen, die Situation richtig zu beurteilen:

- Ist der Betrüger sehr wichtig für Sie? Ist er oder sie Ihr Ehepartner oder Lebensgefährte? Ein naher Verwandter? Ein alter Freund oder Kollege?
- Muß dieser Mensch unbedingt Teil Ihres Lebens bleiben? Arbeiten Sie für oder mit diesem Menschen, ist Ihr finanzielles Überleben von dieser Beziehung abhängig?
- Haben Sie eine gemeinsame Vergangenheit, die Sie verbindet?
- Wenn Sie mit diesem Menschen zusammen sind, fühlen Sie sich dann wohl? Behandelt er Sie mit Achtung, so, wie Sie behandelt werden wollen?

- Gibt es andere Menschen in Ihrem Leben, die von einer Veränderung der Beziehung betroffen wären (z. B. Familie oder Freunde)?

Wenn Sie die meisten dieser Fragen mit „Ja" beantworten, ist eine Auseinandersetzung wahrscheinlich der klügste Weg, um die Beziehung zu retten. Wenn Sie die meisten Fragen mit „Nein" beantworten, ist eine Auseinandersetzung nicht unbedingt ratsam. Stattdessen können Sie sich entschließen, die Beziehung zu beenden.

Jetzt sind Sie soweit, die drei Schritte der Konfrontationsstrategie in die Tat umzusetzen.

1. Schritt: Suchen Sie nach dem Motiv

Wenn Sie das Motiv erkennen, können Sie verstehen, warum der Betrüger sich so verhalten hat. Wie konnte er Ihnen das antun? In Zukunft wird Ihnen stärker bewußt sein, daß man versuchen könnte, Sie zu manipulieren, wenn Sie am verwundbarsten sind. Dementsprechend können Sie sich wappnen und Gefahren umgehen.

Entscheidend für den ersten Schritt ist wirkliche Neugier auf das, was die andere Person Ihnen erzählt. Ihr Ziel ist es, *ihre* Wahrheit zu erfahren, nicht, sie von Ihrer Wahrheit zu überzeugen. Wenn Sie sich mit dem Verräter auseinandersetzen, dann beschreiben Sie objektiv, was passiert ist. Das könnte zum Beispiel so aussehen: „Du hast gesagt, daß du nichts von dem, was ich gesagt habe, verraten wolltest, und dann hast du es dem Chef erzählt."

Bei diesem ersten Schritt sollten Sie herausfinden, wie der Betrüger zu seinem Verrat gekommen ist. Rationalisiert und rechtfertigt er sein eigennütziges Verhalten? Glaubt er ehrlich, Ihnen geholfen zu haben? Leider neigen viele Leute dazu, die Handlungen anderer automatisch auf bösen Willen zurückzuführen, bevor sie ihnen überhaupt Gelegenheit geben, ihre Sicht darzustellen.

Statt z. B. zu sagen „Du denkst nur an dich" oder „Du wolltest diese Arbeit nicht machen, deswegen hast du sie auf mich abgeschoben" sollten Sie darstellen, wie Sie die derzeitige Beziehung beurteilen und was Sie für einen Vertrauensbruch halten. Denken Sie daran, daß die Antwort für Sie vielleicht keinen Sinn ergibt, für den anderen aber sehr wohl – und damit müssen Sie sich auseinandersetzen.

2. Schritt: Drücken Sie Ihre Gefühle klar aus

Die meisten Leute gehen davon aus, daß eine Auseinandersetzung von Natur aus etwas Schlechtes ist und um jeden Preis vermieden werden sollte. Aber eine Auseinandersetzung ist weder ein Kampf noch ein Wettbewerb. Beim zweiten Schritt einer erfolgreichen Auseinandersetzung geht es darum, über sich selbst zu sprechen, und darüber, wie man den Verrat empfindet. Viele Menschen neigen dazu, nur über das zu sprechen, was der andere getan hat. Das führt aber gewöhnlich zu Streit oder ruft automatisch eine defensive Reaktion hervor.

Zum Beispiel „Als du mich angelogen hast, (die Empfehlung nicht geschrieben hast), fühlte ich mich enttäuscht (verletzt und erschüttert), weil du dein Versprechen nicht gehalten hast."

Außerdem wissen die meisten Leute nicht, wie sie ihre Gefühle beschreiben sollen. Es reicht nicht aus, ein Gespräch mit einer „Ich"-Aussage zu beginnen. „Ich denke, du bist ein Idiot" ist aber nicht der ehrliche Ausdruck Ihrer Gefühle. Es ist Kritik, und Kritik bringt den anderen auf. Besser ist: „Als du mich bei der Besprechung nicht unterstützt hast, hatte ich das Gefühl, daß du gegen mich warst." Mit solchen Sätzen kann man Gefühle vermitteln.

Beim zweiten Schritt müssen Sie dem Verräter zuhören und sich in ihn einfühlen, so schwer das auch sein mag. Versuchen Sie für den Standpunkt des anderen offen zu sein. Sie können sagen: „Das war mir nicht klar, laß mich darüber nachdenken."

3. Schritt: Setzen Sie Grenzen

Wenn man einen Verräter zur Rede stellt, ist es die schwierigste Aufgabe, sich weiter auf das Ziel zu konzentrieren: das Verhalten, das Sie erreichen, und die Handlungen, die Sie nicht länger dulden wollen. Allerdings ist es schwierig, auf feindselige Reaktionen richtig zu antworten. Folgende Leitlinien können Ihnen helfen:

Wenn Sie auf glattes Leugnen treffen:

„Das war ich nicht", „Wie bist du denn darauf gekommen?", „So ist das überhaupt nicht gewesen." Wenn Sie den anderen in die Knie zwingen wollen, dann beharren Sie auf Ihrer Version, auch wenn der andere sie leugnet. Je mehr Sie aber darauf bestehen, daß Sie recht haben, desto mehr versteift sich der andere auf seine Position. Überprüfen Sie die Situation gemeinsam mit anderen Leuten, um sicherzugehen, daß Sie nicht überreagieren oder etwas mißinterpretieren. Wenn Ihre Entdeckungen zu früheren Verhaltensweisen des anderen passen, halten Sie an Ihren Gefühlen fest. Bestehen Sie darauf, daß er darauf eingeht.

Dann können Sie sagen:
„Ich werde nicht mit dir über die Fakten diskutieren. Entscheidend ist, daß du mein Vertrauen gebrochen hast, als du persönliche Informationen über mich preisgegeben hast. Wenn dir überhaupt an mir liegt, willst du dann nicht die Gelegenheit nützen und mir gegenüber ehrlich sein?"

Wenn Sie auf Herabsetzung treffen:
„Du machst dich ja lächerlich", „Du bis einfach zu empfindlich."

Lassen Sie sich Ihre Gefühle trotz Ihrer eigenen Unsicherheiten oder Zweifel nicht ausreden. Setzen Sie klare Grenzen.

Dann können Sie sagen:
„Ich werde nicht weiter mit dir reden, wenn du mich unbedingt beleidigen willst und dich weigerst, meine Gefühle ernst zu nehmen."

Wenn Sie auf Vorwürfe und Wut treffen:
„Wie zum Teufel kannst du behaupten, daß ich je so etwas tun könnte?", „Wie kannst du das sagen?" Holen Sie tief Luft, und versuchen Sie, ruhig zu bleiben. Vermeiden Sie, auf Konfrontationskurs zu gehen, aber behaupten Sie Ihre Gefühle, und wiederholen Sie Ihr Argument.

Dann können Sie sagen:
„Ich versuche, dir keine Vorwürfe zu machen. Aber ich habe mich von dir im Stich gelassen gefühlt, als die anderen verletzende Bemerkungen gemacht haben und du mich nicht verteidigt hast." „Vielleicht siehst du es ja

anders, aber ich war enttäuscht, als du meinen Vorschlag nicht unterstützt hast, obwohl wir vorher darüber gesprochen hatten. Wenn der andere wütend bleibt, müssen Sie sagen: „Vielleicht können wir weiterreden, wenn du dich abreagiert hast." Gehen Sie weg, bis er sich beruhigt hat.

Wenn Sie auf keinerlei Reue oder auf trotzige Ablehnung treffen:
„Na, dann habe ich das eben gesagt; das ist noch lange kein Grund, sich so aufzuregen!" Eine derartige Reaktion zeigt Ihnen, daß Sie die Beziehung beenden sollten. Diesem Menschen liegt nicht genug an Ihnen, Ihren Gefühlen oder an Ihrer Beziehung.

Dann können Sie sagen:
„Wenn du wirklich glaubst, daß das, was du getan hast, in Ordnung war, dann sagst du mir damit, daß ich dir gleichgültig bin, daß dir nichts an mir liegt. Ich muß wissen, woran ich bin ... und was unsere Beziehung wirklich wert ist."

Wenn Sie auf einen Wortverdreher treffen:
Dieser Mensch rationalisiert und zieht Ihre Gefühle überhaupt nicht in Betracht. Er zieht es vor, allem seine eigene Deutung zu geben oder Ihnen sogar die Schuld zuzuschieben. „Und was ist mit dem, was du getan hast?" Stellen Sie sicher, daß Sie nicht unter Druck gesetzt werden.

Dann können Sie sagen:
„Das stimmt vielleicht, und ich bin gern bereit, darüber mit dir zu reden, aber vorher müssen wir über das hier

sprechen, denn damit hat unser Gespräch angefangen." „Ich höre, was du sagst und es mag dir vernünftig vorkommen. Aber das Entscheidende ist, daß ich mich aufgrund deines Verhaltens trotzdem schlecht fühle – und ich habe nicht den Eindruck, daß dir das etwas ausmacht."

Vielleicht kommen Sie sich mit diesen Kommentaren zuerst merkwürdig vor, oder Sie finden sie albern, aber bedenken Sie, daß es eine gewisse Zeit dauert, um sein Verhalten zu ändern. Nach einer Weile werden Sie sich wohler fühlen, und Ihre Gedanken werden automatisch diese neuen Wege gehen. Üben Sie derweil Ihre Antworten – vor einem Spiegel, zusammen mit einem guten Freund oder indem Sie sie auf Band sprechen. Tun Sie das, bis die Worte und die Gefühle hinter den Worten Ihnen selbstverständlich vorkommen. Da Sie sich nicht mehr aus dem Gleis bringen lassen wollen, wenn der andere kontert, sein Verhalten leugnet oder sich rechtfertigt, halten Sie sich an das, was Sie wissen und fühlen, und bringen Sie es in Worte.

Wenn Auseinandersetzungen zum Bumerang werden

Man muß sich unbedingt klar machen, daß man sich nicht mit jedem Vertrauensbruch auseinandersetzen kann oder sollte. Für jeden von uns stehen drohende Kämpfe im Raum, aber wer hat die Zeit und Energie, sie alle auszufechten? Es birgt manchmal gewisse Risiken, einen Vertrauensbruch zur Sprache zu bringen, und diese müssen vorher abgeschätzt werden. Wird eine Auseinandersetzung die Situation verschärfen ... oder macht Schweigen alles schlimmer? Entscheiden Sie sich sorgfältig für oder gegen eine Auseinandersetzung, damit sie nicht nach hinten losgeht.

Überlegen Sie sich vorher, was passieren kann und was auf dem Spiel steht. Entscheiden Sie, ob die Angelegenheit wichtiger ist als die möglichen Folgen. Etwas *nicht* zur Sprache zu bringen, kann für Ihre Psyche gesünder – und klüger – sein. Stellen Sie sich folgende Situationen vor:

Jemand fällt Ihnen bei der Arbeit in den Rücken

In jedem Betrieb gibt es Kollegen, die anderen die Ideen stehlen oder abfällige Bemerkungen über die Kompetenz anderer machen. Es ist zwar sehr wichtig für Sie, Ihren Bereich und Ihr berufliches Ansehen zu schützen, aber eine Auseinandersetzung ist nicht immer der weiseste Schritt.

Erinnern Sie sich an Jerry, den Produzenten, den wir im 4. Kapitel kennengelernt haben? Er mußte erfahren, daß sein vertrauter Kollege Chris ihm keine positive Empfehlung geschrieben hatte. Jerry war wütend und hatte zuerst vor, Chris zur Rede zu stellen. Nachdem er die Situation abgeschätzt hatte, entschied er sich dagegen. „Ich stellte fest, daß ich keine ausreichende Handhabe hatte, um zu beweisen, daß er mich hereingelegt hatte“, sagte Jerry. „Was ich erfahren hatte, war mir von Dritten zugetragen worden. Ich hatte keinen Beweis.“ Die Erfahrung machte ihn wachsam und lehrte ihn, in Zukunft stärker darauf zu achten, auf wen er sein Vertrauen setzte.

Wenn Sie unmittelbar mithören, daß jemand schlecht über Sie und Ihre Arbeit redet, dann stellen Sie ihn auf alle Fälle zur Rede. Fragen Sie ihn ruhig und bestimmt: „Was meinen Sie mit dieser Bemerkung? Warum haben Sie nicht zuerst mit mir gesprochen?“ Selbst wenn derjenige, der Ihnen in den Rücken gefallen ist, sein Verhalten abstreitet, wird er wahrscheinlich damit aufhören. Entlarvt zu werden, ist das Schlimmste, was einem solchen Rufmörder passieren kann.

Aber wenn Sie Ihre Anschuldigungen nicht beweisen können, ist die Situation weniger klar. Überlegen Sie sich zuerst, mit wem Sie es zu tun haben. Wenn die Person, die über Sie herzieht, als Bürodrache bekannt ist, als jemand, die nie ein freundliches Wort über jemanden sagt und zu allen laut und aggressiv ist, dann versuchen Sie, ihre Kommentare nicht persönlich zu nehmen. Sie hat vielleicht gute Beziehungen nach oben, und Sie sind besser daran, wenn Sie eine andere Taktik wählen. Sparen Sie Ihre Kräfte, und pflegen Sie die Kontakte zu den Menschen im Büro, von denen Sie wissen, daß Sie ihnen trauen können. Schützen Sie sich, indem Sie Ihre Gespräche vorsichtiger führen und sich genau überlegen, was Sie zu wem sagen.

Wenn der Zeitpunkt ungünstig ist

Es ist ebenfalls klüger, einen Vertrauensbruch nicht – oder zumindest nicht sofort – anzusprechen, wenn die Person, die Sie im Stich gelassen hat, gerade eine schwierige Phase in ihrem Leben durchmacht. Erinnern Sie sich an Cynthia und Sybil? Cynthia hatte das Gefühl, daß ihre Freundin, nachdem sie ein Baby bekommen hatte, nicht mehr für sie da war. Nachdem sie sich monatelang verletzt und wütend gefühlt hatte, entschied sich Cynthia schließlich, Sybil nicht darauf anzusprechen.

Immer wenn jemand eine größere Veränderung in seinem Leben durchmacht – auch eine erfreuliche, wie die Geburt eines Kindes, eine neue Stelle, den Umzug in eine andere Stadt – kann es für diese Person schwierig sein, noch auf andere zuzugehen. Sie sollten dann Verständnis haben für den Wandel, den diese Person erlebt. Warten Sie, bis diese Übergangszeit vorüber ist, bevor Sie Ihre gemeinsame Beziehung unter die Lupe nehmen – auch wenn das schwer fällt. Wenn Cynthia Sybil gleich auf deren Zeitmangel angesprochen hätte, hätte Sybil diesen Druck als eine weitere Forderung erleben und ärgerlich reagieren können.

„Ich mußte selbst mit meinen Gefühlen zurechtkommen. Was hätte ich auch wirklich zu ihr sagen können?" sagt Cynthia im Rückblick. „Sie zu kritisieren, hätte alles nur noch schlimmer gemacht. Ich merkte, daß ich die Veränderung, die die Geburt ihres Kindes mit sich brachte, akzeptieren mußte, wenn ich die Freundschaft retten wollte. Sybils Gefühle für mich hatten sich nicht geändert, aber ihre Lebenssituation schon." Cynthia paßte sich der neuen Situation an und bewahrte sich sowohl ihre Freundschaft als auch ihre Selbstachtung. Natürlich darf und kann man seine Gefühle nicht vollständig unterdrücken. Ansätze zu einer Aussprache sind fast immer möglich!

Wenn es andere Leute betrifft

Es ist auch vorstellbar, jemanden nicht zur Rede zu stellen, um den Frieden zu wahren. Das gilt vor allem, wenn die Konsequenzen einer Auseinandersetzung auch auf andere Beziehungen übergreifen und beispielsweise Kinder, andere Familienmitglieder oder Kollegen betreffen könnten. Darum entschloß sich Abby schließlich, ihre Kusine Robin nicht zur Rede zu stellen, obwohl sie lange und schmerzlich mit ihr rivalisiert hatte. Die möglichen Folgen einer derartigen Konfrontation auf den Rest der Verwandtschaft – einschließlich ihrer beherrschenden Mutter und Tante – wollte sie nicht verantworten.

„Jemand anders könnte sagen, daß ich kalte Füße bekommen habe", sagt Abby, „aber ich sehe es nicht so. Ich habe getan, was nötig war, um mein emotionales Gleichgewicht zu erhalten. Ich habe mich nun entschlossen, Robin nicht mehr an mich heranzulassen. Ich rede jetzt nur noch ganz oberflächlich mit ihr, und erstaunlicherweise stört mich das, was sie sagt und tut, wirklich nicht mehr."

Es ist eine besondere Fähigkeit, sich mit jemand wirksam auseinanderzusetzen, und wie jede andere Fähigkeit braucht man eine Weile, bis man sie beherrscht. Um Ihre Angst zu überwinden, müssen Sie sie Stückchen für Stückchen abtragen, bis Sie sich über Ihre Ziele im klaren und mit dem gewählten Weg zufrieden sind.

Stichworte für die Auseinandersetzung

Stellen Sie Fragen, um die Absichten eines Betrügers zu identifizieren.

Kritisieren Sie nicht, und stellen Sie keine Vermutungen darüber auf, was seine Motive gewesen sein könnte.

Benutzen Sie Ihren Takt und Ihre Fähigkeit, gut zuzuhören, um den anderen ausreden zu lassen.

Erwarten Sie nicht, daß der andere weiß, wie Sie sich fühlen oder was Sie denken. Sie müssen die Verantwortung dafür übernehmen, Ihre Gefühle auszudrücken.

Sagen Sie ihm, wie sein jüngstes Verhalten auf Sie wirkt.

Generalisieren Sie nicht, und waschen Sie keine schmutzige Wäsche, indem Sie eine lange Liste unausgesprochener Enttäuschungen aufstellen.

Benutzen Sie verbale Bremsen, um eine Auseinandersetzung zu beenden, wenn das Gespräch zu hitzig wird.

9. Kapitel Tut es dir wirklich leid? Von der heilsamen Wirkung einer Entschuldigung

Es braucht immer Zeit, bis man den Schmerz eines Vertrauensbruches überwindet, aber es liegt an Ihnen, wie lange es dauert. Wie Sie im letzten Kapitel erfahren haben, ist die Auseinandersetzung der erste Schritt zur Heilung oder Befreiung.

Beim nächsten sehr wichtigen Schritt lernen Sie, wie Sie dem Verräter vergeben und weiterleben können.

Die Entscheidung, jemandem zu vergeben, ist nicht einfach. Es handelt sich nicht um ein einmaliges Ereignis, sondern um einen Lernprozeß, der sowohl dem Betrüger als auch dem Betrogenen guttun kann. Sie können den Kummer über einen Vertrauensbruch nicht einfach vergessen. Aber wenn Sie dem Verräter vergeben, dann setzen Sie die seelische und physische Energie frei, die Sie brauchen, um sich wieder mit sich eins zu fühlen. Gleichzeitig motivieren Sie den Verräter dazu, sein Verhalten zu ändern, so daß Sie die Beziehung zu Ihren Bedingungen fortsetzen können, wenn Sie das wollen.

Für viele Menschen liegt der Schlüssel zur Versöhnungsbereitschaft einfach darin, von der Person, die ihnen Unrecht getan hat, eine Entschuldigung zu hören. Eine herzliche Entschuldigung – eine Erklärung also, die Bedauern über einen Fehler oder eine Kränkung ausdrückt – gehört zu den bedeutsamsten Interaktionen zwischen zwei Menschen. Wenn Sie vor Ärger über einen Verrat kochen, kann sie der Feuerlöscher sein, der die Flamme erstickt. Eine Entschuldigung, die aufrichtig vorgebracht und freundlich akzeptiert wird, hat die Macht, verletzte Gefühle anzuerkennen und auch stark belastete Beziehungen wieder zu stabilisieren.

Was aber, wenn nie eine Entschuldigung kommt? Trotz ihrer heilsamen Wirkung ist eine echte Entschuldigung heutzutage ein seltenes Gut. Die meisten von uns wissen nicht, wie und wann sie eine Entschuldigung anbieten – oder annehmen – sollen. In unserer schnellebigen, von Konkurrenzdenken geprägten Zeit sehen viele Menschen keine andere Alternative, als auf Kosten anderer ihre Interessen zu verteidigen.

Fachleute haben festgestellt, daß Frauen dazu neigen, sich zu viel und zu oft entschuldigen, während Männer nur widerwillig ihre Schuld zugeben. Solche Verhaltensmuster können bis auf den Spielplatz zurückverfolgt werden, wo Mädchen lernen, Freundschaften zu pflegen. Wenn sie dann erwachsen sind, beweisen Frauen eine größere Einfühlsamkeit und fühlen sich wohler, wenn sie über ihre Gefühle sprechen können. Umgekehrt werden kleine Jungen eher dazu ermutigt, sich zusammenzureißen. Männer haben oft Schwierigkeiten sich zu entschuldigen, weil sie sich dann verwundbar fühlen, ein Gefühl, das sie normalerweise zu vermeiden suchen nach dem Motto: Ein Indianer kennt keinen Schmerz.

Es ist schwer zu sagen, wann eine Entschuldigung aufrichtig ist. Es ist ebenso schwierig, Schmerz und Mißtrauen zu überwinden und darauf zu vertrauen, daß der Mensch, der Ihnen Unrecht getan hat, sich tatsächlich ändern wird. Vielleicht wird Ihnen eine aufrichtige Entschuldigung angeboten, aber Sie sind noch zu wütend, um sie zu hören, geschweige denn, sie zu akzeptieren. Können Sie es jemals riskieren, wieder zu vertrauen?

Liebe bedeutet, um Verzeihung zu bitten

Im Gegensatz zu der oft zitierten Stelle aus der „Love Story", heißt Liebe *nicht,* daß man nie um Verzeihung bitten muß. Aber aus einer ganzen Reihe von Gründen entschuldigen sich viele Leute trotzdem nie, gleichgültig, wie sehr sie jemanden verletzt haben.

Unbewußte Verräter entschuldigen sich manchmal nicht, weil sie ehrlich davon überzeugt sind, Ihnen geholfen zu haben. Zuzugeben, daß sie trotz ihrer guten Absichten etwas falsch gemacht haben, würde ja bedeuten: „Mit mir ist etwas nicht in Ordnung." Der Stolz veranlaßt diese Menschen dazu, stur zu bestreiten, daß sie sich scheinheilig und rücksichtslos benommen haben.

Caroline, Einkäuferin für ein großes Kaufhaus, gehört zu dieser Sorte Menschen. Sie plante eine Silvesterparty. Anita, die im College ein Zimmer mit ihr geteilt hatte und jetzt ihre Stelle aufgegeben hatte, um zu Hause bei ihrer kleinen Tochter zu bleiben, lud sie dazu nicht ein. „Ich glaube nicht, daß sie zu dieser Clique paßt", sagte sich Caroline. Als Anita von der Party erfuhr, sprach sie Caroline darauf an und sagte ihr, wie verletzt sie war. „Ich habe sie zu jeder Party und jedem Abendessen eingeladen, die ich je veranstaltet habe", erklärte Anita. „Ich kann gar nicht sagen, wie verletzt ich war, daß sie mich nicht für schick genug hielt, um in ihrer Clique zu verkehren." Caroline druckste herum, weigerte sich aber weiterhin, die vier einfachen Worte zu sagen, die ihre zehnjährige Freundschaft gerettet hätten. Als Anita sie weiter unter Druck setzte, sich zu entschuldigen, kam es zu folgendem Wortwechsel. Caroline: „Ich kann nicht. Ich kann es einfach nicht sagen." Anita: „Das verstehe ich nicht. Bedeutet dir unserer Freundschaft denn gar nichts?" Caroline: „Natürlich tut sie das. Du bist meine beste Freundin ... aber wenn ich sage, daß es mir leid tut, schäme ich mich so. Es erinnert mich daran, wie gedemütigt und machtlos ich mich immer gefühlt habe, wenn mein Vater mich zwang, mich für jede Streiterei mit meiner Schwester zu entschuldigen." Weil Caroline so offen war, konnte Anita Verständnis für sie aufbringen und weiter mit ihr befreundet bleiben.

Und dann gibt es Leute, die ehrlich glauben, nichts getan zu haben, womit sie Ihren Ärger verdient hätten. „Du hast kein Recht, wütend auf mich zu sein", antworten sie entrüstet. Diese Leute gehen fälschlicherweise davon aus, eine Entschuldigung bedeute, Schuld einzugestehen. Das kann zwar der Fall sein, aber es ist bestimmt nicht immer so. Wenn jemand zu stolz ist, einen Fehler einzugestehen – wenn er sich eher darauf konzentriert, Recht zu haben, als die Beziehung wieder in Ordnung zu bringen –, dann empfindet er eine Entschuldigung als Schwäche. In Wirklichkeit kann man mit einer Entschuldigung seine Besorgnis für den Kummer des anderen signalisieren. „Es tut mir leid, daß es dich so verletzt hat, als ich dich nicht angerufen habe, aber jetzt geht es mir genauso."

Wieder andere, wie Meredith zum Beispiel, haben das Gefühl, daß ihre Möglichkeiten so begrenzt waren, daß sie gar keine andere Wahl hatten, als sich so zu verhalten, wie sie es getan haben. Wenn Sie sich wegen ihres Verhaltens aufregen, fühlen sie sich in die Enge gedrängt und reagieren verwirrt. Wenn sie sich entschuldigen, versuchen sie, Ihnen im gleichen Atemzug ihren Standpunkt verständlich zu machen und dabei geht die Entschuldigung oft unter. „Es tut mir leid, aber ..." ist typisch für sie.

Manche Verräter sehen die Dinge nur aus ihrer Perspektive. Sie sagen zwar, „Es tut mir leid, daß du wütend auf mich bist", meinen aber in Wirklichkeit: „Es tut mir leid, daß *du mich* nicht magst." Solche Leute sind Spezialisten für falsche Entschuldigungen; ihr Ziel ist nicht eventuell Fehler einzugestehen, sondern Ihre Unterstützung zurückzugewinnen.

Manchmal fühlen sich Menschen auch berechtigt, eine Entschuldigung zurückzuhalten, weil sie überzeugt sind, daß der andere die Krise ursprünglich ausgelöst hat. Sie funktionieren nach der Holzhammermethode „Wie du mir, so ich dir". „Entschuldigen? Wofür denn?" „Das hast du dir selbst zuzuschreiben. Du hast bekommen, was du verdient hast." Wieder andere entschuldigen sich nicht, weil sie es für zwecklos halten: „Welchen Sinn hat das schon?" denken sie. „Sie wird nur noch wütender. Warum sich die Mühe machen?"

Und schließlich gibt es Verräter, die von ihren Schuldgefühlen wie gelähmt sind. Sie weichen einer Entschuldigung aus, weil sie sonst einen genaueren Blick auf ihre Werte, Überzeugungen und ihr Benehmen werfen müssen. Das ist schwierig und hieße, einzugestehen, daß ihre Gier oder ihre Bedürfnisse sie dazu gebracht haben, jemanden zu verletzen. Da gehen sie ihren Opfern lieber ganz aus dem Weg.

Die Entschuldigung

Wenn eine Entschuldigung nicht bedeutungslos sein soll, genügt es nicht, daß der Verräter den Vorfall beiseite wischt und „Es tut mir leid" murmelt. Stattdessen muß er sein Verhalten erklären, Ihren speziellen Kummer zur Kenntnis nehmen und Mitgefühl mit Ihnen zeigen. Das Mitgefühl ist der entscheidende Punkt; der Verräter kann dadurch beweisen, daß er den Schmerz, den Sie erlitten haben, versteht und daß er bereut, was geschehen ist. Mitgefühl kann den Unterschied zwischen einer lebendigen und einer verkümmernden Beziehung ausmachen.

Wenn eine Entschuldigung zufriedenstellen soll, muß sie in Worte gefaßt werden. Daß Howard Brant – der seinem Bruder die Frau ausgespannt hatte – niemals „Es tut mir leid" sagte, war Grund für einen erbitterten kalten Krieg, der die Verwandtschaft über Jahre teilte. Jeff konnte diesen Bruch nicht einmal ansatzweise überwinden, bis er Howard die Worte „Es tut mir leid" aussprechen hörte.

Die Kraft dieser Worte beeinflußte auch Eliot. Hätte sein Freund Barry, der für Eliots Sohn keine Empfehlung geschrieben hatte, sich entschuldigt, hätte er ihm vergeben können. „Es hätte nicht mehr das gleiche Verhältnis zwischen uns bestanden, aber zumindest wären wir befreundet geblieben. Aber er konnte nicht einmal diese vier Worte herausbringen." So brach eine lebenslange Freundschaft auseinander.

Damit eine Entschuldigung ihren Zweck erfüllt, muß der Verräter seine Fehler einräumen und die Verantwortung für sein Verhalten übernehmen. Das setzt voraus, daß er keine Ausflüchte macht oder versucht, sein Verhalten zu rechtfertigen. Eine Entschuldigung muß auch die Zukunft einbeziehen; sie muß das Versprechen enthalten, daß ein ähnlicher Vorfall nicht wieder vorkommen wird, und sie muß die Schritte umreißen, mit denen der Verräter das sicherstellen will. Tom aus dem 1. Kapitel hat sich so bei Linda entschuldigt. „Es tut mir leid, daß ich nicht mir dir darüber gesprochen habe, bevor ich die Stelle angenommen habe. Ich weiß, daß du dich verletzt gefühlt hast. In Zukunft werde ich immer vorher mit dir reden. Einer Entschuldigung muß eine Wiedergutmachung folgen, das heißt: der Beweis für ein besseres Verhalten. Der Verräter muß sich bemühen, sei es durch eine finanzielle Entschädigung oder ein symbolisches Geschenk. Wenn die Situation es erfordert, muß er sich vielleicht sogar öffentlich entschuldigen.

Selbstverständlich ist der richtige Zeitpunkt für eine Entschuldigung sehr wichtig. Wenn man sich bei Ihnen entschuldigt, bevor Sie Gelegenheit hatten, Ihrer Wut und Ihrer Verzweiflung Luft zu machen, kann die Entschuldigung Ihnen unehrlich und wie ein Lippenbekenntnis vorkommen. Wird die Entschuldigung zu lange aufgeschoben, fühlen Sie sich womöglich vernachlässigt und unwichtig.

Wenn eine Entschuldigung unzureichend ist

Manchmal funktioniert eine Entschuldigung überhaupt nicht. Statt Ihre Wut zu beschwichtigen, wirkt sie wie Öl aufs Feuer, weil sie Ihr Gefühl bestätigt, daß Ihnen Unrecht geschehen ist.

Erinnern Sie sich an Ian, dessen Rivalität mit seinem besten Freund Kenny überhand nahm und die Freundschaft zerstörte? Ian fühlte sich betrogen und verdrängt, nachdem Kenny die beherrschende Stellung im Leben von Ians Schwester und deren kleinen Kindern eingenommen hatte. In einer Fernsehsendung, an der ich als Therapeutin teilnahm, trafen sich Ian und Kenny zu einer Aussprache. Als Kenny sich entschuldigte und fragte: „Können wir nicht wieder Freunde sein?" sprang

Ian von seinem Sitz auf, griff Kenny am Kragen und begann ihn zu rütteln. Er beruhigte sich erst als das Sicherheitspersonal eingriff. Was war passiert? Kennys Worte hatten Ians Wut bestätigt und sogar verstärkt.

Manche Leute hegen so viel Groll, daß die langerwartete Entschuldigung, wenn sie dann endlich kommt, dem Ärger erst die Schleusen öffnet. Wenn diese Menschen eine Entschuldigung ablehnen, fühlen sie sich selbstgerecht, mächtig und als Herr der Lage. Vielleicht genießen sie sogar die Opferrolle und benutzen die Entschuldigung als Gelegenheit, alte Ereignisse wieder aufleben zu lassen.

Die Kunst der Vergebung

1. Konzentrieren Sie sich nur auf die aktuelle Situation. Bringen Sie keine Wunden aus alten Kämpfen zur Sprache.
2. Erkennen Sie kleine Anstrengungen an, und unterstützen Sie sie. Geben Sie dem anderen etwas Zeit; Veränderungen kommen nicht über Nacht.
3. Setzen Sie kleine Änderungen, die schon stattgefunden haben, nicht herab, auch wenn sie Ihnen nicht ausreichend erscheinen.
4. Widerstehen Sie der Versuchung, sich selbst die Schuld für das Geschehene zu geben. Sonst erleben Sie weitere Folgen des Vertrauensbruches, die Ihnen den Weg zur Vergebung versperren.
5. Wenn Sie wirklich vergeben wollen, verharren Sie nicht in Gedanken wie „Es ist zu wenig, es ist zu spät". Sonst ist es wirklich bald zu spät.

Rick war überzeugt, daß sein Bruder Lawrence ihm die Freundin weggenommen hätte. Er raste vor Wut und weigerte sich, Lawrence oder die Frau zu treffen oder mit ihnen zu sprechen. Eines Tages liefen sich die Brüder im Haus ihrer Mutter über den Weg. Als Lawrence erklärte, wie leid es ihm täte und versuchte, ihr Verhältnis zueinander wieder in Ordnung zu bringen, sprudelte Rick eine ganze Reihe von Beleidigungen hervor: „Leid? Ja, ich gehe jede Wette ein, daß es dir leid tut. Es tut dir ungefähr so leid wie damals, als du in der Schule hinter dem Mädchen her warst, das mich wirklich gern hatte, bis du dich an sie heran gemacht hast. Und was ist mit dem Burschen in der Firma, mit dem du vor zwei Jahren ein falsches Spiel getrieben hast, und den du abgeschossen hast, als du mit Zähnen und Klauen die Karriereleiter hoch bist? Meine Freunde haben mich vor dir gewarnt. Du bist ein Lügner. Niemand traut dir, Lawrence, einfach niemand." Lawrences Bitten und seine Versöhnungsversuche stießen auf taube Ohren. Rick wollte nicht vergeben. Er wollte strafen.

Für Menschen wie Ian und Rick ist es äußerst wichtig, ihren Ärger wie einen Schutzschild zu benutzen. Eine Entschuldigung abzulehnen, ist eine Methode, sich vor weiterem Schmerz zu schützen. Sie glauben vielleicht, daß die Entschuldigung zu schwach ist und zu spät kommt. Auch wenn sie klingt, als komme sie von Herzen, denken Sie an Ihren Schmerz und die erlittenen Verluste und können ihm weder vergeben noch vertrauen. Eine Entschuldigung zu akzeptieren hieß, Ihren Kummer abzuwerten ...

Lernen zu vergeben

Vergebung ist die bewußte Entscheidung, über den Vertrauensbruch hinwegzukommen. Ihre Wunden heilen zu lassen, und – wenn Sie das wollen – die Beziehung zu erhalten. Wenn Sie vergeben, nehmen Sie Ihr Leben selbst in die Hand und entscheiden, daß der vergangene Vertrauensbruch Sie nicht länger in der Hand hat. Sie wollen die Zuversicht wiederherstellen und, falls möglich, das Vertrauen wiederaufbauen.

Vergeben und vergessen zu lernen ist eine individuelle Erfahrung. Der Heilungsprozess ist bei jedem Menschen anders. Wie niedergeschmettert Sie nach einem Vertrauensbruch sind, hängt selbstverständlich von der Art des Vertrauensbruches und davon ab, wie hoch Sie die Beziehung vorher geschätzt haben. Manche Leute kommen schnell über ihren Ärger hinweg, andere brauchen Jahre dafür. Setzen Sie sich in diesem Prozeß der Vergebung nicht unter Druck, übereilen Sie sich nicht, und vertrauen Sie Ihrem eigenen Rhythmus.

Und nehmen Sie eine Entschuldigung nicht aus den falschen Gründen an. Aus der Angst heraus, eine Beziehung zu verlieren, aus dem Wunsch, sich edel zu fühlen, oder weil man jemand eine Chance geben will, kann man dazu veranlaßt werden, zu schnell eine Entschuldigung anzunehmen und damit Sand in das Getriebe des Heilungsprozesses zu streuen. Valerie ist ein gutes Beispiel dafür, weil sie ihrem Freund Gelegenheit geben wollte, seine Vertrauenswürdigkeit unter Beweis zu stellen, akzeptierte sie wiederholt leichtfertige und unaufrichtige Entschuldigungen. Sie vergab zu leicht, ohne Gegenleistung ihres Freundes und wurde immer wieder Opfer von Vertrauensbrüchen.

Wenn Ihr Vertrauen in jemanden gebrochen ist, erleben Sie unvermeidlich Gefühle wie Schock, Unglauben, Wut und Trauer. Diese Gefühle ähneln solchen, die man nach einem Todesfall empfindet. Schließlich ist ein Vertrauensbruch wie ein Tod; Sie verlieren nicht nur einen Menschen in Ihrem Leben, sondern auch all das, wofür diese Person stand. Wenn sie ein wesentlicher Teil Ihrer Welt war, ist es für Sie fast lebensnotwendig, einen Weg zur Vergebung zu finden. Jenny aus dem 4. Kapitel ging es so. Obwohl sie am Boden zerstört war, als sie erfuhr, daß Ihre Mitbewohnerin mit ihrem Freund geschlafen hatte, wollte sie unbedingt, die Stärke zur Vergebung finden. Der Gedanke an ein Leben ohne ihre beiden Freunde war ihr unerträglich.

Um eine Entschuldigung zu akzeptieren, müssen Sie sich Zeit nehmen, um genau zu verstehen, auf welche Art der andere Sie verletzt hat. Wurde Ihr Stolz verletzt? Ihre Selbstachtung erschüttert? Haben Sie sich zurückgewiesen gefühlt, ungeliebt, gedemütigt? Untersuchen Sie auch die Beweggründe der Person, die Sie betrogen hat. Wenn Sie das verstanden haben, bekommen Sie ein klares Bild von der Reparaturarbeit, die Sie leisten müssen, um die Beziehung wieder aufzunehmen.

Um vergeben und vorankommen zu können, müssen Sie auch die guten und die schlechten Eigenschaften des Verräters abwägen. Seien Sie offen für das, was er zu sagen hat. Sehen Sie, ob Sie ihn akzeptieren können, wie er ist, mit all seinen Schwächen und Fehlern. Lernen Sie, die Unsicherheit auszuhalten, solange Sie auf Zeichen einer wirklichen Verhaltensänderung warten.

Kira hatte mit diesem Dilemma zu kämpfen. Joel, mit dem sie seit vier Jahren verheiratet war, hatte eine kurze Affäre mit einer Frau gehabt, die er bei der Arbeit kennengelernt hatte. Obwohl er die Affäre beendet hatte, blieb Kira wütend, argwöhnisch und mißtrauisch. Das

Paar war bei mir in Eheberatung, in der wir viele der zugrundeliegenden Probleme lösten, die zu Joels Untreue beigetragen hatten. Joel hatte immer wieder gesagt, wie leid es ihm tat, und er versprach, nie wieder untreu zu werden. Auf jede mögliche Weise versuchte er, seine Reue dadurch zu zeigen, daß er seiner Frau gegenüber liebevoll und aufmerksam war. Trotzdem konnte Kira die Erinnerung an die Affäre nicht loswerden.

„Wenn ich sonntags aus dem Haus gehe, um die Zeitung zu holen, denkt sie, daß ich heimlich telefoniere", berichtet Joel. „Sie ist völlig paranoid. Deshalb habe ich zu ihr gesagt: „Ich werde die Zeitung nicht holen. Wenn es dich aufregt, ist es nicht so wichtig." Während einer Beratungsstunde, zu der Joel alleine kam, fragte er mich, was er noch tun könne, um Kiras Vertrauen zurückzugewinnen. Ich sagte: „Sie tun das Richtige, wenn Sie ihr mit Ihrem Verhalten das Gefühl von Sicherheit geben. Aber denken Sie daran, daß Kira vielleicht lange braucht, um ihren Ärger zu überwinden. Bis dahin müssen Sie Ihre ganze Geduld aufbringen und gelassen bleiben, wenn sie sich aufregt. Sie müssen ihr weiter Ihre Vertrauenswürdigkeit beweisen."

Auch enorme Vertrauensbrüche – Untreue, chronischer Mißbrauch von Suchtmitteln, Spielsucht, physische oder seelische Mißhandlung – können im Laufe der Zeit vergeben werden, wenn dem Vertrauensbruch ein aufrichtiger Ausdruck von Reue und eine konsequente und dauernde Verhaltensänderung folgt.

Kira vergab Joel schließlich. In der Beratung arbeitete sie hart daran, die Rolle zu untersuchen, die sie bei manchen der Eheprobleme spielte. Es war ein langsamer und schmerzhafter Erholungsprozeß, der keinen Erfolg gehabt hätte, wäre nicht Joels unerschütterlicher Einsatz gewesen, das Vertrauen seiner Frau zurückzugewinnen.

Vergebung braucht manchmal Zeit. Max blieb mehr als fünf Jahr auf Distanz zu Bruce, dem Freund aus den Kindertagen. Bruce hatte Geld von ihm geliehen. Er hatte Max erzählt, es sei für sein neues Geschäft, hatte es aber als Anzahlung für eine Ferienwohnung verwendet. Max war fuchsteufelswild, aber Bruce zeigte merkwürdig wenig Reue. Als Max Bruce aufforderte, das Geld zurückzuzahlen, antwortete Bruce: „Warum? Du brauchst das Geld doch nicht. Deine Kanzlei ist riesig, und nach der Fusion, die du im letzten Monat an Land gezogen hast, stehst du gut da." Dann fügte er hinzu: „Dir liegt wohl gar nichts an meinem Glück, oder?" Als klassischer Narzißt fühlte Bruce sich im Recht – und Max reagierte wütend.

Aber Max' frühere Frau war eng mit Bruce befreundet, und als man bei ihr einen unheilbaren Gehirntumor feststellte, bat sie Bruce, sich nach ihrem Tod um ihre Kinder zu kümmern. In den nächsten paar Jahren wurde Bruce ein Ersatzonkel für Max' zwölfjährige Zwillingssöhne. Er ging mit ihnen zu Konzerten, Spielen und Sportwettkämpfen. Und wenn sie Hilfe brauchten – in der Schule, bei Konflikten mit Freundschaften etc. –, war Bruce für sie da.

Fünf Jahre später gab Max nach und nahm Bruces Angebot an, sich zusammenzusetzen. „Ich habe immer noch Bedenken, und ich traue ihm nicht", erzählte er mir vor kurzem, „aber wie kann ich einem Menschen nicht vergeben, der sich meinen Kindern gegenüber so großartig verhält?" Max war nicht bereit, die Freundschaft zu erneuern, aber durch die ständigen Bemühungen seines früheren Freundes, sich als vertrauenswürdig zu erweisen, konnte er ihm bis zu einem bestimmten Punkt vergeben.

Bezwingen Sie Ihre Gefühle von Unsicherheit und Selbstzweifel, bis eine Vergebung möglich ist, indem Sie den Selbstvorwürfen eine zeitliche Grenze setzen. Übernehmen Sie die Verantwortung für die Rolle, die Sie möglicherweise bei dem Verrat gespielt haben, aber verzeihen Sie sich auch selbst. Erkennen Sie, wenn Sie in eine Litanei der Selbstbezichtigung geraten: „Hätte ich nur ..." „Hätte ich bloß nicht ..." „Ich wünschte, ich hätte ..." Versuchen Sie, positiv zu sein: „Vielleicht hätte ich das und das tun sollen, aber jeder macht Fehler. Ich habe meine gemacht, und es ist an der Zeit, sie hinter mir zu lassen."

Sie können sich durchaus entscheiden, einen Vertrauensbruch zu vergeben und sich trotzdem entschließen, die Beziehung zu beenden. Wie Loni, die ihre Freundschaft mit Carol abbrach, nachdem letztere mehrfach ihre Versprechen nicht gehalten hatte, können auch Sie verzeihen – und dann loslassen.

Bevor Sie aber wieder vertrauen können, müssen Sie in der Lage sein, sich selbst zu vertrauen – sich auf Ihre Intuition zu verlassen, auf Ihr Gespür und Ihr Urteilsvermögen.

10. Kapitel Jetzt wissen Sie Bescheid – Vertrauen Sie auf sich

Gleichgültig, wer Ihr Vertrauen gebrochen hat oder wie er es getan hat, Ihre seelischen Wunden sind tief. Argwöhnisch und mißtrauisch weichen Sie vielleicht nicht nur vor der Person zurück, die Ihnen Unrecht getan hat, sondern auch vor anderen Beziehungen. Ihre Gedanken überschlagen sich: „Wem kann ich trauen? Warum war ich so dumm?" Oder Sie weigern sich zu glauben, daß der Verräter böswillig gehandelt hat, versuchen, eine Erklärung für dessen Verhalten zu finden, und sich selbst einzureden, daß „das auf keinen Fall wieder vorkommen kann".

In Wirklichkeit *wird* es wieder vorkommen – wenn Sie nicht sofort mehrere Schritte unternehmen, um sich davor zu schützen. Immer werde ich gefragt: „Wie kann ich jemals lernen, wieder zu vertrauen?" Indem Sie lernen, sich selbst zu vertrauen, und indem Sie wissen, worauf Sie bei anderen achten sollten. Dazu müssen Sie

- verstehen, warum Sie Opfer eines Verrates wurden
- sicherstellen, daß Ihre Erwartungen an eine Beziehung angemessen und praktikabel sind
- Ihre seelischen Bedürfnisse erkennen und Ihre Selbstachtung wieder aufbauen
- die „untere Grenze des Vertrauens" definieren und in Ihrem Leben für deren Einhaltung sorgen
- Ihrem Gefühl und ihrem eigenen Urteilsvermögen trauen.

Wenn Sie diese fundamentalen Aufgaben verstanden haben, *werden* Sie wieder fähig sein zu vertrauen – nicht blind, nicht zögernd, sondern ganz bewußt. Lassen Sie sich von den folgenden Richtlinien leiten.

1. Zeichnen Sie Ihr Vertrauensprofil

Wenn Sie sich ansehen, wie Ihre Eltern, Ihre Geschwister, die entferntere Verwandtschaft und die Freunde agierten und reagierten, können Sie verstehen, wie sich ihr persönlicher Vertrauensfaktor (Kapitel 1) herausgebildet hat.

Vielleicht waren Ihre Eltern altmodisch und Ihnen gegenüber zu streng, als Sie erwachsen wurden. In dem Versuch, Sie zu schützen, haben sie Ihnen nicht erlaubt, Ihre eigenen Entscheidungen zu treffen und aus Ihren Fehlern zu lernen. Als Erwachsener treffen Sie jetzt ungern Entscheidungen, weil Sie kein Vertrauen in Ihr eigenes Urteilsvermögen haben.

Bevor Sie anderen vertrauen können, müssen Sie sich erst selbst verstehen. Nehmen Sie sich ein paar Minuten Zeit, um folgende Fragen zu bedenken und dann klarer über das Vertrauen in Ihrem eigenen Leben nachdenken zu können. Wenn Sie jede Frage ehrlich beantworten, werfen Sie damit Licht auf Ereignisse, Umstände und Verhaltensmuster, deren Sie sich vielleicht nicht ganz bewußt sind, die sich jedoch auf Ihr Vertrauenskonzept ausgewirkt haben.

- Waren Ihre Eltern glücklich verheiratet? Wenn sie getrennt lebten oder sich scheiden ließen, wie alt waren Sie, als die Ehe auseinanderbrach?
- War einer Ihrer Eltern alkohol- oder drogensüchtig?

- War die Beziehung zu Ihren Geschwistern liebevoll und freundlich? Haben Sie als Kinder oft miteinander gestritten? Wie ist die Beziehung zu Ihren Geschwistern heute?
- Wie sind Ihre Eltern im allgemeinen mit Ärger umgegangen? Haben Sie geschmollt und hat die Wut in ihnen gegärt, oder haben sie geschrien und mit Gegenständen um sich geworfen?
- Haben Ihre Eltern Sie so akzeptiert, wie Sie waren, oder hatten Sie das Gefühl, daß Sie in ihren Augen nie gut genug waren?
- Haben Ihre Eltern Ihnen erlaubt, Ihre eigenen Entscheidungen zu treffen? Haben sie Ihre Entscheidungen unterstützt?
- Konnten Sie offen mit Ihren Eltern reden? Haben die Familienmitglieder im allgemeinen ihre Meinung ausgesprochen, oder wurde die Überzeugung vertreten, daß man seine persönlichen Gedanken und Gefühle für sich behalten sollte?
- Sind Sie extrovertiert oder introvertiert? Hatten Sie als Jugendlicher viele Freunde, oder waren Sie ein Einzelgänger?
- Würden Sie Ihre Eltern im allgemeinen als optimistisch und vertrauensvoll beschreiben? Oder waren sie argwöhnisch und mißtrauten den Absichten anderer Leute? Strahlten sie das Gefühl aus, mit ihrem Leben zufrieden zu sein, oder haben Sie Ihnen den Eindruck vermittelt, daß die Kirschen in Nachbars Garten besser schmeckten?
- Fällt es Ihnen in einer ungewohnten Situation leicht oder schwer, mit anderen zu sprechen? Verreisen Sie gern und lernen andere Orte und neue Leute kennen?

Immer wieder kommen wir auf die Auswirkung kindlicher Erfahrungen, auf die Vertrauensfähigkeit zu sprechen.

2. Entdecken Sie Ihr unbewußtes Programm

Wir haben im 1. Kapitel darüber gesprochen, wie Ihr persönlicher Vertrauensfaktor zustandekommt und wie dieser Ihre Meinung über sich selbst sowie Ihre Handlungen und Reaktionen anderen gegenüber beeinflußt.

Obwohl Sie sich dessen vielleicht nicht bewußt sind, hegen Sie hinsichtlich jeder Ihrer Beziehungen bestimmte Hoffnungen, Überzeugungen und Wünsche. Um wieder vertrauen zu können, müssen Sie Ihr eigenes „Programm" verstehen. Was genau bedeuten folgende Erwartungen für Sie? Du wirst für mich da sein; wir werden eine dauerhafte Beziehung haben; du wirst aufrichtig sein; du wirst mich schützen. Veranschaulichen Sie jede dieser Erwartungen mit konkreten Beispielen, und schreiben Sie sie nieder. Die Erwartung „Du wirst für mich da sein" meint für Ihren Mann: „Ich erwarte, daß du mir zuhörst, wenn ich bei der Arbeit Probleme habe, auch wenn ich das gleiche schon zehnmal gesagt habe."

Für einen Freund hingegen:

„Ich erwarte, daß du mich oft anrufst."

Aus der Erwartung „Wir werden eine dauerhafte Beziehung haben" wird konkret:

„Ich werde dich immer lieben, egal, was du tust."

„Ich erwarte, daß du mir gegenüber immer die gleiche Liebe und Zuneigung zeigst."

Aus der Erwartung „Du wirst aufrichtig sein" wird konkret:

„Ich erwarte, daß du erst mit mir darüber sprichst, bevor du etwas tust, was mich betrifft."

„Ich erwarte, daß du mich nicht anlügst, wenn ich mich mit dir auseinandersetze."

Aus der Erwartung „Du wirst mich schützen" wird konkret:

„Ich erwarte, daß du das, was ich dir erzähle, für dich behältst."

„Ich erwarte, daß du das, was ich dir erzähle, nicht gegen mich verwendest."

Finden Sie heraus, welche Erwartungen für Sie überwiegen, und fragen Sie sich, ob sie vernünftig sind. Seien Sie bereit, sie auf ein realistisches Maß zu bringen und sie auf die spezielle Person abzustimmen, mit der Sie zu tun haben.

Wenn zum Beispiel die Erwartung „Du wirst für mich da sein" Ihr Leben beherrscht, denken Sie darüber nach, ob Sie nach unbegrenzter Aufmerksamkeit suchen. Das ist der Fall, wenn eine Vertrauensperson Ihnen immer zuhören soll, wenn Sie das Bedürfnis nach Aussprache haben. Übertragen bedeutet das vielleicht das Bedürfnis nach häufigen Anrufen oder täglichen oder wöchentlichen Besuchen. In Anbetracht der Bedürfnisse und persönlichen Verpflichtungen des anderen kann das unrealistisch sein. Wenn zwei Menschen nicht die gleichen Prioritäten und Erwartungen haben, sich darüber aber nicht im klaren sind, können Konflikte auftreten. Sie werden glücklicher, wenn Sie Ihre realistisch gestalten. Wenn eine Freundin ein- oder zweimal Ihren Klagen über Ihre beruflichen Probleme zuhört, dann erkennen Sie an, daß ihr etwas an Ihrem Wohlergehen liegt, und verlangen Sie nicht, daß sie es immer wieder beweist. Wenn Sie von der Erwartung „Wir werden eine dauerhafte Beziehung haben" geleitet werden, überlegen Sie sich, ob Ihr Sicherheitsbedürfnis Sie womöglich in einer schädlichen Beziehung festhält, die Ihnen garantiert eine Reihe von Enttäuschungen bringen wird. Wenn Sie nicht Ihr seelisches Wohlergehen aufs Spiel setzen wollen, relativieren Sie auch diese Erwartung: Die Beziehung wird nur dauern, wenn du mich respektierst und mir gegenüber ehrlich bist. Sie wird nicht halten, wenn du weiterhin lügst.

Wenn die Erwartung „Du wirst aufrichtig sein" Ihr Leben beherrscht, schätzen Sie ab, wie oft Leute hinter Ihrem Rücken handeln. Wenn Sie sie wegen des Verrats zur Rede stellen und sie abstreiten, etwas falsch gemacht zu haben, müssen Sie Ihre Beziehung umstellen.

Und wenn „Du wirst mich schützen" Ihren Vertrauensfaktor bestimmt, dürfen Sie Intimität nicht mit Sicherheit verwechseln.

3. Ersetzen Sie blindes Vertrauen durch einen aufmerksamen Blick

Manche Menschen vertrauen blind, weil sie in einer der Fallgruben des Vertrauens gefangen sind. Jede dieser Fallgruben enthält eine Spur von Wahrheit. Aber wenn diese Überzeugungen zu Leitprinzipien werden, sehen Sie vielleicht keinen Ausweg aus einer Beziehung, die Ihnen seelisch oder körperlich schadet.

Ihre Hoffnung darauf, was eine Beziehung sein könnte, macht Sie vielleicht blind für die Realitäten. Sie müssen einschätzen lernen, welche Fallgrube Sie daran hindert, Ihrem eigenen Urteil zu vertrauen. Beantworten Sie dafür folgende Fragen:

- Lassen Sie sich leicht dazu überreden, etwas zu tun, was Sie nicht wollen?
- Haben Sie Schuldgefühle, wenn Sie jemanden anzweifeln oder ihm mißtrauen?
- Gründen Sie Ihr Vertrauen schnell auf das Aussehen einer Person, besonders, wenn sie attraktiv ist?
- Fühlen Sie sich von dem, was jemand zu Ihnen sagt, leicht geschmeichelt, und neigen Sie dazu, dessen Worte für bare Münze zu nehmen?
- Glauben Sie schnell, was jemand sagt, weil Sie ihn bewundern?
- Sind Sie sich Ihrer eigenen Meinung nicht sicher, und verlassen Sie sich darauf, daß andere die Entscheidungen für Sie treffen?

Wenn Sie drei oder mehr dieser Fragen mit *Ja* beantwortet haben, heißt das, daß Sie zu blindem Vertrauen tendieren. *Wenn Sie sich aus den Fallgruben befreien wollen:*

- Drängen Sie auf Gewißheit, statt im Zweifel Ihren Freunden immer gute Absichten zu unterstellen. Stellen Sie Menschen solange zur Rede – bis Sie genug Fakten haben, um Ihre eigene Wahrheit zu formulieren.
- Beurteilen Sie, wie jemand reagiert, wenn Sie ihn zur Rede stellen. Gibt er zu, daß er sich nicht vertrauenswürdig verhalten hat, und verspricht er, sich zu bessern? Oder entschuldigt und/oder rechtfertigt er sein verletzendes Verhalten?
- Achten Sie auf konsequentes Verhalten. Am wichtigsten ist, daß eine Person hält, was sie verspricht.

Nehmen Sie das, was sie sagt, nicht für bare Münze, nur um der Wahrheit nicht ins Gesicht sehen zu müssen. Überlegen Sie stattdessen, wie sie sich konkret darum bemüht, Ihr Vertrauen zu erhalten.

- Vertrauen Sie darauf, wie Sie sich fühlen, wenn Sie mit jemand zusammen sind: Fühlen Sie sich respektiert und geschätzt oder herabgesetzt und unbeachtet? Seien Sie skeptisch gegenüber sporadischen Sympathiebekundungen – einer Einladung zum Abendessen, einem Strauß Blumen –, sie können Ihre Sicht trüben. Unterscheiden Sie zwischen netten aber egoistisch motivierten Gesten – und einem Verhalten, das tatsächlich auf Ihre Bedürfnisse zugeschnitten ist.

4. Untersuchen Sie die Rolle, die Sie selbst bei dem Verrat gespielt haben

Wenn Sie unter dem Schmerz eines Vertrauensbruches leiden, kann es schwierig sein, sich einzugestehen, daß Sie für das, was passiert ist, teilweise selbst verantwortlich sind. In den meisten Fällen spielen die Opfer eine kleine Rolle bei ihrem eigenen Verrat. Diese Erkenntnis ist Teil des Heilungsprozesses. Viele Menschen sind sich der unterschwelligen Botschaften nicht bewußt, die sie aussenden und die darauf Einfluß haben, wie andere Menschen sie wahrnehmen.

Wie wird Ihr Verhalten von anderen interpretiert?

- Vermitteln Sie Freunden oder Partnern den Eindruck von Hilflosigkeit oder Bedürftigkeit? Signalisieren Sie ihnen die Bereitschaft, Ihr Leben kontrollieren und andere Menschen Entscheidungen für Sie treffen zu lassen?

- Reagieren Sie zu heftig? Vermeiden andere, mit Ihnen zu reden, weil sie einen Wutausbruch fürchten?
- Wirken Sie im Gegenteil so nett und entgegenkommend, daß alle glauben, sich Ihnen gegenüber durchsetzen zu können?
- Haben Sie je versucht, verletzendes Verhalten anderen gegenüber zu rechtfertigen?

Wenn Sie diese Fragen mit *Ja* beantwortet haben, war Ihre Rolle bei dem Vertrauensbruch vielleicht größer, als Ihnen bewußt ist. Welche, werden Sie herausbekommen, wenn Sie über die Art des Vertrauensbruches nachdenken. Sie könnten zum Beispiel entdecken, daß Ihre Entscheidungsunfähigkeit dem anderen den Eindruck vermittelt hat, Entscheidungen für Sie treffen zu müssen. Sollte das der Fall sein, lernen Sie, mehr Verantwortung für ihre eigene Entscheidungsfindung zu übernehmen.

Wenn der Verräter angeblich in Ihrem Interesse gehandelt hat, sind Sie jemand, der anderen vielleicht zu leicht Zugang und Kontrolle über sein Leben gibt. Wenn der Verräter wußte, was er tat, aber nicht mit Ihnen darüber reden konnte, dann reagieren Sie vielleicht heftiger oder sind weniger aufgeschlossen, als Sie zugeben wollen. Wenn es ein absichtlicher Verrat war, dann überlegen Sie sich, ob Sie den Verräter in der Vergangenheit so provoziert haben, daß er es Ihnen jetzt heimzahlen will.

5. Bauen Sie Ihre Selbstachtung wieder auf

Selbstachtung ist ein Gefühl von Stolz, Selbstvertrauen und Selbstwertgefühl. Es entsteht, wenn man im großen und ganzen seinen eigenen Erwartungen entspricht.

Manchmal entsprechen Sie diesen Erwartungen sicherlich nicht, aber wenn Ihre Selbstachtung in Ordnung ist, brechen Sie nicht gleich zusammen, jedenfalls nicht für allzulange. Ein Vertrauensbruch hat sehr negative Auswirkungen. Deshalb ist gewöhnlich die schwierigste Aufgabe, die man danach zu bewältigen hat, seine Selbstachtung nach einem Vertrauensbruch zurückzugewinnen.

Wirklich selbstsichere Menschen ziehen ihre Selbstachtung nicht nur aus einem Bereich ihres Lebens. Wenn Ihr Leben ausgeglichen und abwechslungsreich ist – mit Familie, Freunden, Arbeit und Hobbies, dann wird ein Schlag in einem Bereich Sie nicht für immer niederwerfen. Natürlich können Sie wütend, verletzt oder eifersüchtig sein, aber solche negativen Gefühle werden nicht von Dauer sein. Ihre Selbstachtung gibt Ihnen das Wissen, daß Sie einen Vertrauensbruch überleben werden.

Wenn Sie kein gutes Selbstwertgefühl haben, können Sie weder sich selbst – noch anderen trauen. Wenn Sie selbstsicher sind, erkennen Sie Ihre Stärken und Schwächen und setzen sich und anderen realistische Ziele. Wenn Sie aber nicht fähig sind, Ihre eigenen Verdienste zu sehen, wenn Sie Ihre Erfolge anderen zuschreiben oder für Glücksfälle halten; wenn Sie Ihre eigenen Bedürfnisse oft an die letzte Stelle setzen – dann können Sie Ihren seelischen Kompaß verlieren. Statt sich auf Ihre eigene Orientierung zu verlassen, wenden Sie sich an andere und machen Ihr Wohlbefinden von der Zustimmung anderer abhängig.

Die folgenden Übungen helfen Ihnen dabei, mit sich selbst zufriedener zu werden und Ihre Selbstachtung Auftrieb zu geben.

1) Wägen Sie das Gute und das Schlechte gegeneinander ab:

Zeichnen Sie drei Spalten auf ein Blatt Papier: eine mit der Überschrift „Eigenschaften, die ich ganz sicher habe", eine andere „Eigenschaften, die ich nicht habe" und die dritte „Eigenschaften, die ich anstrebe". Versuchen Sie, sich in den drei Rubriken selbst zu beschreiben. Manche Menschen sind wie gelähmt, wenn sie ihre Grenzen erkennen. Sie sind nicht in der Lage, überhaupt irgend etwas Gutes an sich zu finden. Ihre Stärken und Schwächen einfach nur aufzuschreiben, kann schon helfen, sie objektiver zu beurteilen und Schamgefühle zu relativieren.

2) Beruhen Ihre Erwartungen auf sich selbst und Ihr Selbstbild auf Erfahrungen aus der Vergangenheit? Auf dem, was andere Ihnen über Sie sagen? Auf dem, was andere Ihrer Meinung nach von Ihnen denken?

Erstellen Sie eine Liste Ihrer wunden Punkte – der Schwächen, für die Sie sich immer wieder kritisiert haben –, und benennen Sie die Person, die Ihnen diese Schwächen vorgehalten hat.

Vielleicht haben Ihre Mutter oder Ihr Vater Ihnen beispielsweise gesagt, daß Sie selbstsüchtig oder faul waren. Solche Etikettierungen aus der Kindheit bleiben haften. Auch wenn Sie in der Schule oder im Beruf inzwischen hart arbeiten, hören Sie vielleicht immer noch eine nörgelnde Stimme, die Ihnen sagt, daß Sie trotzdem noch mehr leisten sollten. Gleichgültig, wieviel Sie erreicht haben, sind Sie im tiefsten Inneren überzeugt, daß Sie *doch* faul sind. Eine Freundin oder ein Partner, die ähnliche Andeutungen machen, werden immer den wunden Punkt treffen und Sie in die Defensive bringen.

Jetzt sollten Sie die Liste Ihrer wunden Punkte hinterfragen. Sind Sie wirklich faul? Was könnten Sie tun, um sich fleißiger zu fühlen? Statt die unklare Vorstellung zu haben, mehr arbeiten zu müssen, setzen Sie sich konkrete Ziele, die Sie erreichen können. Wenn Sie zum Beispiel nach der Geburt eines Kindes wieder arbeiten und sich Vorwürfe machen, weil Sie das Haus nicht so sauber halten, wie Sie wollten, entscheiden Sie, was Sie tun können, um die Situation zu verbessern und zufrieden mit sich zu sein. Vielleicht entscheiden Sie, daß Sie nur jede zweite Woche staubsaugen werden, bis das Kind einen regelmäßigeren Tagesablauf hat. Oder Sie entscheiden, daß es reicht, wenn Sie vor dem Schlafengehen nur das Spielzeug vom Wohnzimmerboden wegräumen. Es kommt vor allem darauf an, daß *Sie* Ihre persönliche Formel dafür entwickeln, was Sie für ausreichend halten. Wenn Sie sich keine solchen klaren Leitlinien setzen, dann werden Sie immer das Gefühl haben, nicht genug zu arbeiten, was soviel heißt wie „Ich bin nicht gut genug".

3) Identifizieren Sie die potentiellen Verräter.

Fragen Sie sich, ob Ihre seelischen Bedürfnisse Sie dazu bringen, daß Sie sich von einer bestimmten Art von Menschen angezogen fühlen – Rivalen, Bewunderern oder Benutzern. Wenn Sie das festgestellt haben, können Sie die besonderen Bedürfnisse nach Selbstachtung einkreisen, die Sie mit dieser Beziehung erfüllen wollen, und können anfangen, nach Menschen zu suchen, die Ihre Selbstachtung heben, statt sie zunichte zu machen. Wenn Sie zum Beispiel oft in Rivalitätsbeziehungen gefangen sind, kämpfen Sie vielleicht mit ungelösten Problemen mit Eltern oder Geschwistern. Möglicherweise sind Sie stärker von Konkurrenzdenken geprägt als Ihnen bewußt ist. Sie bauen Konkurrenzsituationen auf und wollen Ihre Selbstachtung verbessern, indem Sie beweisen, daß Sie der Beste sind. Überzeugen Sie sich doch besser von Ihrem Wert, indem Sie sich an Ihren eigenen Erfolgen messen. Motivieren Sie sich so zu ihrer persönlichen Bestleistung, statt fieberhaft zu versuchen, andere zu übertreffen. Hören Sie auf, die Leistungen anderer als Maßstab zu nehmen.

Wenn Sie sich von einer Bewunderin angezogen fühlen, haben Sie vielleicht das Gefühl, daß Ihrem Leben etwas fehlt. Sie versuchen, Ihre Selbstachtung zu heben, indem Sie sich in ihrer Bewunderung sonnen. Sie müssen ein neues Netzwerk von Freunden aufbauen oder Ihre Energien auf ein neues Hobby richten. Ihr Wohlgefühl beruht dann auf eigenen Erfolgen und nicht auf dem, was andere Menschen tun oder was Sie für andere Menschen tun. Statt Lob und Anerkennung bei anderen zu suchen, sollten Sie auch lernen, sich selbst Anerkennung zu spenden. Wenn Sich in Ihrer Vergangenheit ein Muster von Beziehungen zu Benutzern abzeichnet, müssen Sie sich bewußt machen, wie seelisch machtlos und verletzlich Sie sind. Sie geben ständig und erleben so vielleicht vorübergehend ein trügerisches Gefühl von Stärke und Kontrolle. Stellen Sie sicher, daß jede Beziehung, die Sie eingehen, ausgeglichen ist, daß Ihre Bedürfnisse von Anfang an klar sind und berücksichtigt werden. Unterscheiden Sie zwischen Liebe und Lust. Sexuelles Verlangen kann intensiv sein, aber es kann schnell abkühlen. Sie müssen sich so, wie Sie sind, begehrt und geliebt fühlen können. Sind Sie wegen eines Menschen oder einer Beziehung im Zwiespalt, sprechen Sie nicht sofort mit anderen darüber. Behalten Sie Ihre Meinung für sich, damit Sie nicht nachteilig von den Ansichten anderer beeinflußt werden.

4) Hören Sie auf, sich selbst ständig die Schuld zu geben. Schlecht über sich zu sprechen, zerstört schnell die Selbstachtung. „Ich habe einfach Glück" sagen manche und werten damit Ihre Talente und Fähigkeiten ab. Glück setzt voraus, im richtigen Moment an der richtigen Stelle zu sein und dafür muß man hart arbeiten. Glück erfordert Ehrgeiz, Ausdauer und Entschlossenheit; es kommt nicht von selbst. Viele Menschen glauben, Filmstars hätten über Nacht Erfolg gehabt. Sie vergessen deren schwierige Anfangsjahre und die kleinen Rollen in zweitklassigen Filmen bis sie „plötzlich" in die Schlagzeilen kamen.

6. Lernen Sie zu erkennen, wenn eine Freundschaft schädlich ist

Unbefriedigende Freundschaften können für Ihr seelisches Wohlbefinden ebenso schädlich sein wie eine unglückliche Kindheit oder eine schlechte Ehe. Es kann jedoch sehr schwer sein, eine schädliche Freundschaft als solche zu erkennen. Sie fühlen sich herabgesetzt, wütend, nervös oder enttäuscht, aber Sie können nicht genau sagen, warum diese Beziehung Ihre Selbstachtung zerfrißt. Das kann daran liegen, daß jemand Sie im kleinen betrogen hat und Sie das abgetan haben, obwohl eine tiefe Verletztheit zurückgeblieben ist.

Lernen Sie, Ihrem Instinkt und Ihrem Urteil zu vertrauen. Sich zu fragen, wer die wirklichen Freunde sind, erfordert mehr intellektuelle und seelische Ehrlichkeit als den meisten Leuten bewußt ist. Vergewissern Sie sich, daß Sie sich Freundschaften aussuchen, die auf Gegenseitigkeit beruhen und ausgeglichen sind, was Geben und Nehmen anbelangt.

- Verbringen Sie Ihre Freizeit damit, dieser Person einen Gefallen zu tun oder Besorgungen für sie zu machen?
- Sind Marathon-Telefonate immer einseitig – immer zu deren Gunsten –, und helfen Sie der Person, ihre Probleme zu lösen?
- Bieten Sie oft an, dieser Person Ihr Eigentum zu leihen – Kleidung, Geld, einen Computer –, und widerstrebt es Ihnen, es zurückzuverlangen?
- Stellt diese Person die Ideen oder Bemerkungen, die Sie ihr gegenüber im Vertrauen gemacht haben, als ihre eigenen klugen Einfälle dar?
- Teilen Sie ihr Ihre Ängste und Schwächen mit und müssen dann feststellen, daß sie in der Öffentlichkeit enthüllt und inquiriert werden?
- Schließen Sie diese Person bereitwillig mit ein, wenn Sie sich mit anderen treffen, um dann feststellen zu müssen, daß sie Ihnen Ihre alten Freunden ausspannt?

Wenn Sie eine dieser Fragen mit *Ja* beantwortet haben, dann sind Sie in einer Beziehung, die entweder Ihrem Wohlbefinden schon abträglich ist oder es bald sein wird. Spielen Sie Detektiv und suchen Sie nach Hinweisen. Wenn andere Leute Ihnen zur Vorsicht raten, vergleichen Sie deren Kommentar mit Ihren eigenen Befürchtungen und Zweifeln. Überlegen Sie auch, was diese Freundschaft Ihnen wirklich bedeutet. Vielleicht bietet sie Unterstützung, Gesellschaft oder ein Gefühl der Geborgenheit. Denken Sie auch darüber nach, welche andere Möglichkeit Sie haben, in der Freundschaft das zu bekommen, was Sie brauchen. Sie können die Freundschaft einschränken, ohne sie ganz zu lösen. Statt einer Allzweck-Freundschaft für das ganze Leben können Sie sie zum Beispiel auf eine bestimmte Aktivität – sagen wir, Radfahren oder eine Gymnastikgruppe – beschränken. Sie können die gemeinsam verbrachte Zeit reduzieren; statt zusammen zu Abend zu essen, treffen Sie sich vor der Arbeit zum Frühstück. Um eine Freundschaft neu zu definieren, müssen auch andere Grenzen gesetzt werden.

7. Sinnvolle Grenzen setzen

Nehmen Sie sich vor, einen Vertrauensbruch zu lösen, *wenn er auftritt,* und zwar ohne sich gegenseitig in den Dreck zu ziehen oder den Märtyrer zu spielen. Direkt zu sein und klare Grenzen zu setzen, ist der wichtigste Schritt, um sich zu schützen: „Ich zähle auch und lasse mir das nicht länger gefallen." So befreien Sie sich von schwelenden Feindseligkeiten, die Vertrauen untergraben können. Eine Beziehung, die es nicht verträgt, neue Regeln zu definieren, um mehr Gleichberechtigung zu schaffen, ist es vielleicht nicht wert, erhalten zu werden. Grenzen zu ziehen heißt nicht, den anderen dazu zu bringen, sich zu ändern. Es ist eine Gelegenheit, Ihren Vertrauensfaktor auf all Ihre Beziehungen anwendbar zu machen.

Sie können für sich selbst und andere Grenzen ziehen, wenn Sie feststellen, was das Entscheidende bei Ihrem Vertrauensfaktor ist:

- Ihre Erwartung an den anderen
- welches Verhalten Sie akzeptieren und schließlich vergeben können und über welche Handlungen Sie nie hinwegsehen können
- wieviel Enttäuschungen Sie in der Beziehung tolerieren können

- welches Verhalten Sie zeigen werden, wenn das verräterische Verhalten noch einmal auftritt.

Eine frustrierte Ehefrau stellte zum Beispiel nachdenklich fest, daß sie nie darauf vertrauen konnte, daß ihr Mann pünktlich war oder anstehende Aufgaben im Haus erledigte. Jahrelang hatte sie sich darüber geärgert und sich verraten gefühlt. Als sie endlich ihre Vertrauensgrenze bestimmte, merkte sie, daß sie bestimmte Nachlässigkeiten akzeptieren konnte – etwas von der Reinigung zu holen oder sich an eine Verabredung zum Abendessen zu erinnern – aber nicht hinnehmen wollte, wenn er größere Reparaturen am Haus vor sich her schob. Sie lernte zu sagen: „Danny, das Fenster im Arbeitszimmer ist undicht." Wenn er antwortete: „Ich repariere es am Wochenende", dann sagte sie: „Gut, aber wenn es bis Montag nicht repariert ist, hole ich den Handwerker." Und sie setzte ihre Worte in Taten um. Sie fühlte sich nicht länger wütend und hilflos – und das Fenster wurde repariert.

Sie können diese Technik auch auf andere Situationen anwenden. Wenn Ihr Mann Sie ständig in der Öffentlichkeit in Verlegenheit bringt, entscheiden Sie sich, eine Party oder ein Restaurant zu verlassen, sowie er beginnt, Sie herabzusetzen. Sagen Sie ihm: „Ich werde nicht akzeptieren, daß du mich in Verlegenheit bringst, Wenn es wieder vorkommt, werde ich so reagieren." Wenn eine Freundin Sie bei jeder Verabredung warten läßt, lassen Sie sie wissen, daß Sie das nächste Mal eine Viertelstunde und keine Minute länger warten und gehen werden, wenn sie bis dahin nicht gekommen ist. Wer Grenzen setzt, überfordert seine seelischen Reserven nicht.

Höchstwahrscheinlich waren Sie zu lange selbstlos.

Hören Sie auf, ein Ja-Sager zu sein, lernen auch Sie, Bitten auszuschlagen: „Ich würde dir gerne aushelfen, aber gerade jetzt kann ich es nicht."

Auch wenn Sie nach einem Vertrauensbruch am Boden zerstört sind, wissen Sie jetzt, daß Sie nicht immer so empfinden werden wie jetzt. Treffen Sie die grundsätzliche Entscheidung, wieder jemand vertrauen zu wollen, und stellen Sie sich dabei mit beiden Füßen auf den Boden. Ja, Sie müssen ein seelisches Risiko eingehen, aber am Ende werden Sie das Zutrauen und die Stärke gewinnen, die nur von einer wirklich vertrauten und vertrauensvollen Beziehung herrühren können.

Die zehn Gebote des Vertrauens

Ich fragte Männer und Frauen, die an meinen Workshops teilgenommen hatten, was sie jetzt anders machen würden, wenn sie wieder mit einem Vertrauensbruch konfrontiert wären. Ihre Kommentare erwiesen sich als erfrischend und psychologisch stichhaltig.

1. Ich werde meine Gefühle ausdrücken und meine Bedürfnisse öfter und von Anfang an in Worte fassen.
2. Ich werde Grenzen setzen.
3. Ich werde meinem eigenen Urteil stärker vertrauen.
4. Ich werde mißtrauischer sein und Menschen nicht grundlos vertrauen.
5. Ich werde mehr Fragen stellen und die Beziehung kritischer betrachten.
6. Ich werde mich langsamer auf eine Beziehung einlassen, damit ich mich besser schützen kann.

7. Ich werde mich mit dem befassen, was ist, statt mir etwas zu wünschen, was sein könnte.
8. Ich werde eine Beziehung früher verlassen, wenn meine Bedürfnisse nicht erfüllt werden.
9. Ich werde mir nicht für alles, was schief geht, die Schuld geben.
10. Ich werde eine Beziehung nicht mit Temperamentsausbrüchen sabotieren.

Schlußwort

Vertrauen ist eines der Grundbedürfnisse des Menschen. Ohne Vertrauen gibt es für uns keine sinnvolle Beziehungen, keine Intimität, keinen Halt. Auf einer profaneren Ebene erlaubt Vertrauen uns, ein normales Leben zu führen. Wir vertrauen darauf, daß das Restaurant, in dem wir zu Mittag essen, kein verdorbenes Essen serviert, daß der Taxifahrer, der uns zum Flughafen bringt, keinen Unfall verursacht und daß die Autos bei roter Ampel an der Straßenkreuzung halten werden, damit wir sicher über die Straße können.

Wenn Sie von jemandem erwarten, daß er für Sie da ist, und er Sie dann im Stich läßt, empfinden Sie diesen Verrat als tiefgreifend und niederschmetternd. Das schützende Netz des Vertrauens, das Sie seit den frühesten Kindheitserfahrungen zu Eltern, Geschwistern und Freunden geknüpft haben, beginnt zu reißen – und Sie fühlen sich plötzlich allein, verängstigt und unsicher. „Wie konnte ich das geschehen lassen?" fragen Sie sich. „Wäre ich nur nicht so dumm gewesen." Im Grunde genommen wollen Sie vor allem wissen: „Wie kann ich lernen, je wieder zu vertrauen?"

Täglich vertrauen Menschen bei ihren Entscheidungen zuviel oder zu wenig. Sie stützen ihre Entscheidungen auf die falschen Anhaltspunkte – daß jemand vertrauenswürdig aussieht, daß wir unbedingt vertrauen wollen oder jemand uns versichert, ihm trauen zu können. Vertrauen ist lebenswichtig, und trotzdem – oder gerade deswegen – geraten viele Menschen schnell in Situationen, die mitunter zu einem Vertrauensbruch führen. In diesem Buch habe ich deswegen versucht, Vertrauen und Vertrauensbruch aus allen Blickwinkeln zu beleuchten und ein positives Vertrauensbild zu schaffen. Damit möchte ich Ihnen helfen, Ihre diesbezüglichen Erwartungen, Werte und Überzeugungen zu erkennen und konstruktiv zu hinterfragen.

Im ersten Kapitel haben Sie die Wurzeln des Vertrauens betrachtet – den Vertrauensfaktor, den jeder hat und der dabei hilft, eine mentale Checkliste dafür aufzustellen, wer vertrauenswürdig ist und wer nicht. Als Sie das zweite Kapitel gelesen haben, haben Sie gelernt, die Fallgruben zu erkennen, in die viele Menschen unwissentlich geraten, wenn sie ihr Urteil über die Vertrauenswürdigkeit eines Menschen auf oberflächliche Zeichen stützen. Wenn Sie diese verbreiteten Fallen erkennen und die wichtigsten Gründe für Vertrauensbrüche im 3. Kapitel noch gelesen haben, können Sie darüber nachdenken, wo Vertrauen für Sie beginnen und enden soll. Im 4., 5. und 6. Kapitel haben wir drei typische Vertrauensbrecher demaskiert – den Rivalen, den Bewunderer und den Benutzer. Jetzt wissen Sie, wie Sie potentiell Verräter ausmachen und verstehen, wenn Sie ihnen besonders ausgesetzt sind. Das gibt Ihnen Schutz vor neuen Verletzungen und hilft Ihnen rückblickend vergangene Vertrauensbrüche zu überwinden. Im 7. Kapitel haben Sie gesehen, wie problematisch es ist, nur in der Rache Trost zu suchen. Kapitel 8 und 9 bieten Gesprächstaktiken an, um sich mit einem Verräter auseinanderzusetzen und zu entscheiden, ob man eine Entschuldigung annehmen und vergeben oder die Beziehung ganz beenden will. Vertrauensbrecher lernen hier, sich auf herzliche und aufrichtige Weise zu entschuldigen. Lektionen, die Sie hier, wie auch im 10. Kapitel gelernt haben, erlauben es Ihnen, in jeder Beziehung für sich und andere Grenzen zu ziehen.

Wenn Sie beginnen, sich selbst wieder zu vertrauen, werden Sie mit der Zeit auch wieder riskieren können, anderen zu vertrauen. Vertrauen lebt von der Gegenseitigkeit – und ich vertraue darauf, daß Sie das gelernt haben und jetzt umsetzen werden.

Literaturverzeichnis

Anthony, E. James, M. D., Therese Benedek, Hrsg. Parenthood. Its Psychology and Psychopathology. Boston, Little, Brown & Co., 1970

Barker, Robert L. Surviving Jealous Relationships. The Green-Eyed Marriage. New York, The Free Press, 1987.

Bok, Sissela. Lying: Moral Choice in Public and Private Life. New York, Bantam Books, 1992.

Coleman, Paul W. The Forgiving Marriage: Resolving Anger and Resentment and Rediscovering Each Other. Chicago, Contemporary Books, 1989.

Daniels, Marvin. „Pathological Vindictiveness and the Vindictive Character", Psychoanalytic Review, Bd. 56, 1969.

Diagnostic and Statistical Manual of Mental Discorders. 4. A., Washington, D. C., American Psychiatric Association, 1994.

Edward, Joyce, Nathene Ruskin, and Patsy Turrini. Separation Individuation Theory and Application. 2. A., New York, Gardner Press, 1991.

Ekman, Paul. Telling Lies. New York, W. W. Norton, 1992.

deutsch: Ekman, Paul, Weshalb Lügen kurze Beine haben. Über Täuschung und deren Aufdeckung im privaten und öffentlichen Leben. Aus dem Amerik. v. Witschek, Ska, Berlin, de Gruyter, 1989.

Gabriel, Martha A., and Gail W. Monaco. „Getting Even: Clinical Considerations of Adaptive and Maladaptive Vengeance", Clinical Social Work Journal, Bd. 22, Nr. 2, Sommer 1994.

Goldberg, Arnold. „Psychotherapy of Narcisstistic Injuries", Archives of General Psychiatry, Bd. 28, Mai 1973.

Greer, Jane. Twinship and Marital Adjustments. Ann Arbor, Michigan, University Microfilms International, 1985.

Greer, Jane, mit Edward Myers. Adult Sibling Rivalry: Understanding the Legacy of Childhood. New York, Crown, 1992.

Hinsie, Leland E., und Robert J. Campbell. Psychiatric Dictionary. 4. A., New York, Oxford University Press, 1970.
Horney, Karen. The Value of Vindictiveness, American Journal of Psychoanalysis, Bd. 8–13, 1948–53.
Keyishian, Harry. „Karen Horney on the Value of Vindictiveness". American Journal of Psychoanalysis, Bd. 42, 1982.
Kirman, William. „Revenge and Accomodation in the Family", Modern Psychoanalysis, Bd. 14 (1), 1989.
Klein, Charles. How to Forgive When You Can't Forget: Healing Our Personal Relationships. Bellmore, N. Y., Leibling Press, 1995.
Mahler, Margaret S., Fred Pine, und Anni Bergman. The Psychological Birth of the Human Infant. New York, Basic Boosk, 1975.
deutsch: Die psychische Geburt des Menschen. Symbiose und Individuation, 14. A., Fischer Taschenbuch, 1997
Nelson, Judith. „Varieties of Narcistically Vulnerable Couples: Dynamics and Practic Implications". Clinical Social Work, Bd. 23, Nr. 1, Frühling 1995.
Rothstein, Arnold. The Narcissistic Pursuit of Perfection. New York, International Universities Press, 1980.
Stolorow, Robert D., und Frank M. Lachmann. Psychoanalysis of Developmental Arrests: Theory and Treatment. New York, International Universities Press, 1983.
Turner, Francis F. Adult Psychopathology. New York, The Free Press, 1984.
Webster's New World Dictionary. 2. College A. Antioch, Tennessee, The World Publishing Company, 1970.
White, Marjorie Taggart, und Marcella Bakur Weiner. The Theory and Practic of Self Psychology. New York, Brunner-Mazel, 1986.

Danksagung

Durch meine Praxis, durch die Seminare, die ich gehalten habe, und die Fernsehsendungen, in denen ich aufgetreten bin, hatte ich Gelegenheit, die verschiedensten Leute kennenzulernen und mit ihnen zusammenzuarbeiten. Sie haben mich Anteil nehmen lassen an ihren persönlichen Erfahrungen und an ihren Schmerzen. Ihre Erfahrungen bilden die Grundlage dieses Buches. Ich möchte diesen Menschen dafür danken, daß sie mich an ihrem Leben haben teilhaben lassen. Ich hoffe, daß ich ihnen Schutz vor dem Sturm und eine Orientierung bieten konnte, die sie von nun an vor Vertrauensbrüchen schützt. Dieses Buch war mir ein persönliches Anliegen, bei der ich von vielen Menschen unterstützt wurde. Ihnen möchte ich meine tiefe Anerkennung und meinen Dank ausdrücken.

Margery Rosen ist der Inbegriff einer Co-Autorin. Ihre Begeisterung und ihr Glaube an dieses Projekt haben es vorangetrieben, ihr Eifer, ihr Schwung und ihr Durchhaltevermögen haben es getragen und ihr reiches Talent hat dieses Buch bereichert.

Ohne meinen Agenten Geri Thoma und seinen Leitsatz „und nochmal mit Gefühl", wäre dieses Projekt nicht verwirklicht worden.

Meine Herausgeberin Lori Lipsky unterstützte mich von Anfang bis Ende mit ihrer Begeisterung und ihrem Engagement für dieses Buch.

Meine Kollegin und liebe Freundin, Dr. Josie Pajella, wird immer Teil meiner Familie sein und immer einen Platz in meinem Herzen haben. Danke für Deine grenzenlose Zuneigung, Freundschaft, beständige Fürsorge, Ermutigung und für die häufigen Perlen der Weisheit, die mir in jedem Bereich meines Lebens weiterhelfen.

Ich danke auch meiner Freundin, Kathy Pomerantz. Danke, daß Du Deine „Technicolor"-Liebe und Dein Lachen mit mir teilst. Immer, wenn es darauf ankommt, bist Du da. Du bist meine wahre „himmelblaue" Kameradin. Was würde ich ohne dich nur tun?

Danke an Louise DuArt, meine liebste Kameradin und (meine Star-)Therapiepartnerin. Danke, daß Du immer im richtigen Moment an der richtigen Stelle bist und daß Du mir Deine Zuneigung und Unterstützung schenkst. Auf ein lebenslanges „Das haben wir schon in der Tasche".

Danke auch Lesley Krunik. Mit Deiner unglaublichen Fähigkeit einer Sache den letzten Schliff zu geben, hilfst du mir immer, alles gekonnt zusammenzubringen. Du bist mein Schutzengel.

Einen herzlichen Dank auch an:

meine liebe Freundin und Kollegin Dr. Sonya Rhodes. Du bleibst eine Inspiration.

Charles Cook, für Deine treue Freundschaft und dafür, daß Du Dir immer die Zeit nimmst, um Anteil zu nehmen.

Laura Merini, für die Gelegenheit, in der Fernsehsendung aufzutreten, aus der die Idee zu diesem Buch entstanden ist.

Roz Linder, für Deine großzügige Hilfe.

Meiner Familie kann ich gar nicht genug danken. Meinem Bruder, weil er mir mein ganzes Leben lang ein musikalisches Medley der Liebe gibt.

Meiner Tante Ruth, weil sie mir immer gegenwärtig ist.

Die bedingungslose Liebe und Unterstützung meiner Eltern machte alles überhaupt erst möglich. Danke, Mutter, daß Du mich durch all Deine Ermutigung gestärkt hast; daß Du mich bei jedem Erfolg begleitet hast, daß Du mir in jeder Niederlage beigestanden hast; und daß Du mich durch all deine Liebe zu dem Menschen hast werden lassen, der ich heute bin. Vater, danke, daß Du mich gelehrt hast, nie ein Nein als Antwort zu akzeptieren, niemals aufzugeben und vor allem, daß ich immer auf Dich zählen konnte.

Und schließlich danke ich meinem Lebenspartner in Liebe und Beruf, Marc Snowman – für Deinen „Glauben“, für Deine von Herzen kommende Großzügigkeit, für millionenfaches gemeinsames Lachen, das über vieles hinweghilft, für Deine unerschütterliche Unterstützung an allen Fronten und dafür, daß Du immer da bist und mir hilfst, meinen Weg zu finden.

Wege zum Selbst

Sharon A. Bower / Gordon H. Bower
Vertrauen zu sich selbst gewinnen
Wie Sie sich selbst behaupten und mit anderen besser umgehen können
192 Seiten, Klappenbroschur
ISBN 3-451-26772-1

Lerne, dir selbst zu vertrauen und gehe selbstbewußt mit anderen um. Ein Trainingsprogramm, das durchsetzungsfähiger und selbstbewußter macht.

Enid Howarth / Jan Tras
Unvollkommen lebt sich's besser
Gelassen und erfolgreich durch den Alltag
288 Seiten, Klappenbroschur
ISBN 3-451-26747-0

Die Wirklichkeit ist viel bunter und abwechslungsreicher als alle Perfektions-Phantasien. Entdecken Sie ihre eigenen Möglichkeiten und lernen Sie das Leben zu genießen!

Verena Kast
Vom Sinn der Angst
Wie Ängste sich festsetzten und wie sie sich verwandeln lassen
224 Seiten, Klappenbroschur
ISBN 3-451-26151-0

Mit tiefenpsychologischem Scharfblick analysiert Verena Kast die Dynamik, die Angst zum lebensbestimmenden Element macht. Ein grundlegendes, gut zu lesendes Werk zur Thematik Angst.

Verena Kast
Abschied von der Opferrolle
Das eigene Leben leben
192 Seiten, gebunden
ISBN 3-451-26629-6

Erstarrte Positionen auflösen. Endlich zum eigenen Leben kommen. Eine Analyse des Zusammenlebens im Alltag.

HERDER